GTB
Gütersloher Taschenbücher
797

Selma und der islamischen Jugend
in Deutschland zugeeignet

Muhammad Salim Abdullah

WAS WILL DER ISLAM IN DEUTSCHLAND?

Gütersloher Verlagshaus
Gerd Mohn

Originalausgabe

Die Deutsche Bibliothek — CIP-Einheitsaufnahme

Abdullah, Muhammad S.:
Was will der Islam in Deutschland? / Muhammad Salim
Abdullah. — Orig.-Ausg. — Gütersloh : Gütersloher Verl.-Haus
Mohn, 1993
   (Gütersloher Taschenbücher ; 797)
   ISBN 3-579-00797-1
NE: GT

ISBN 3-579-00797-1

© Gütersloher Verlagshaus Gerd Mohn, Gütersloh 1993

Umschlaggestaltung: Dieter Rehder, Kelmis/Belgien, unter Verwendung eines
Fotos der Moschee im katholischen Wallfahrtsort Werl/Westfalen
© Gütersloher Verlagshaus Gerd Mohn, Gütersloh
Satzherstellung: ICS Communikations-Service GmbH, Bergisch Gladbach
Druck und Bindung: Clausen & Bosse, Leck

Gedruckt auf chlorfrei gebleichtem Werkdruckpapier

Printed in Germany

INHALT

VORWORT

Nach einem Ali Ibn Abu Talib, dem Vetter und Schwiegersohn des Propheten Mohammad, zugeschriebenen Wort, wird das, was der Mensch nicht kennt, gehaßt. So verhält es sich auch mit dem Islam in Deutschland. Muhammad Salim Abdullah vermittelt uns in seinem neuen Buch, das der moslemischen Jugend gewidmet ist, nicht nur eine chronologische Abfolge der Geschichte der Moslems in unserem Lande, er zeigt darüber hinaus Fakten und Hintergründe auf, die dem Leser zu einem besseren Verständnis des Islam in der Bundesrepublik verhelfen sollen.

Das Verdienst dieses Buches liegt vor allem darin, daß hier zum erstenmal der Islam in Deutschland von seinen Anfängen bis zur Gegenwart zusammengefaßt wird. Der Autor scheut in diesem Zusammenhang auch heiße Eisen nicht.

Der Leser erfährt, daß der Islam nicht erst von den moslemischen Gastarbeitern nach Deutschland verpflanzt worden ist, daß er vielmehr auf eine Geschichte von 260 Jahren zurückblicken kann. Es ist eine Geschichte von Moslems, die sich stets ihrer Religion verpflichtet fühlten, aber gleichwohl ihren Glauben mit der deutschen Kultur in Einklang zu bringen vermochten.

Die Mehrzahl der deutschen Moslems fühlt sich nicht dem nachprophetischen Lehrsatz »al-Islam din wa dawla« (Islam ist Religion und Staat) verpflichtet. Sie bekennen sich als Moslems bewußt zu ihrem Staat. Sie beweisen als deutsche Bürger ihre moslemische Identität nicht dadurch, daß sie fremde Bekleidungs- oder Lebensgewohnheiten übernehmen, sondern durch ein vorbildliches Verhalten im Sinne ihres Glaubens. Dabei lassen sie sich auch nicht davon abschrecken, daß ihnen deshalb von orientalisierten Glaubensbrüdern »unmoslemisches Verhalten« vorgeworfen wird.

Der Leser wird erstaunt sein, wenn er erfährt, daß der Islam, geht man auf seinen Ursprung, seine Wurzeln zurück, eine moderne, fortschrittliche und tolerante Religion ist, in der nach koranischer Aussage kein Zwang in Glaubensdingen sein darf (Sura 2:256). Die sogenannten Fundamentalisten von heute gehen nicht auf den Ursprung des Islam zurück, sondern setzen bei Ali, dem 4. Kalifen oder bestenfalls bei Omar, dem 2. Kalifen, an. Für die moslemische Jugend in der Diaspora eröffnet sich die gewaltige Aufgabe — aber auch Chance — auf die wahren Ursprünge ihres Glaubens zurückzugehen. Sie ist unbelastet von den Traditionen der Volksfrömmigkeit der Herkunftsländer ihrer Eltern und Großeltern. Wenn sie sich an Koran und Sunna orientiert, kann sie zu den reinen und ursprünglichen Quellen des Islam zurückkehren. Muhammad Salim Abdullah räumt in seinem Buch mit den im Westen inzwischen festgefügten Vorstellungen über den Islam auf. Für viele Gegner wird es schmerzlich sein, zu erfahren, daß der Terminus »djihad« nichts mit dem oft beschworenen »Heiligen Krieg« zu tun hat, daß er vielmehr in unmittelbarem Zusammenhang steht mit dem allen Moslems empfohlenen »Sichbemühen auf dem Wege Gottes«. Da ist keine Rede von der Ausbreitung des Islam mittels Feuer und Schwert.

Schließlich führt das Buch auch die allgemeine Vorstellung ad absurdum, daß der wahre Islam nur in den sogenannten »islamischen Staaten« verwirklicht werden könne. Ein Staat, in dem soziale Gerechtigkeit nicht verwirklicht ist, hat das Anrecht darauf verloren, sich islamisch zu nennen.

Durch die Gnade Gottes durfte ich Muhammad Salim Abdullah fast dreißig Jahre begleiten. Wir haben gemeinsam ein gutes Stück Weg zurückgelegt. Er wurde nie müde, wenn es galt, die Sache des Islam in Deutschland voranzutreiben. Dabei ließ er sich durch Widerstände, Angriffe und persönliche Diffamierungen, die andere längst hätten resignieren lassen, nie entmutigen. Möge der gnädige und barmherzige Gott es so fügen, daß das vorliegende Werk eine gute Aufnahme und große Verbreitung findet.

Berlin, im November 1992   *Al-Hadj Saif al-Islam Hoffmann*

I. Kapitel

Deutscher Islam — Islam in Deutschland

1. Einführung

In der Bundesrepublik Deutschland leben gegenwärtig etwa 1,7 Millionen Anhänger des Islam. Zumeist handelt es sich dabei um Türken, Bosnier bzw. Kosovo-Albaner, um Araber aus Nordafrika und der Staatenwelt des Mittleren Ostens. Ihre religiösen, kulturellen und sozialen Bedürfnisse sind in den letzten Jahren zu einem gesellschaftspolitischen Problem ersten Ranges geworden, das von den Politikern aller Parteien, von den Gewerkschaften und Kirchen oft sehr kontrovers diskutiert wird. Die deutsche Bevölkerung wird sich verstärkt bewußt, daß die moslemischen Einwanderer größtenteils gläubige Menschen sind, die großen Wert darauf legen, auch in einer von der christlichen Kultur geprägten säkularen Umwelt ihren Glauben zu praktizieren.

Über der augenblicklichen Debatte um die Einordnung der moslemischen Arbeitnehmer und ihrer Familien wird allzu leicht vergessen, daß die Geschichte des Islam in Deutschland nicht erst zwischen 1965 und 1975 begonnen hat, daß sie vielmehr wesentlich älter ist. Vielen — auch den Kirchen — ist dieses Faktum unbequem. Dennoch: Man kann die Geschichte des Islam in Deutschland zurückverfolgen bis in die Regierungszeit des Preußenkönigs Friedrich Wilhelm I., bis zu jenen zwanzig »türkischen« Gardesoldaten, die der Herzog von Kurland im Jahre 1731, also vor mehr als 250 Jahren, seinem König zum Geschenk machte. Friedrich Wilhelm I. hatte für sie 1732 am Langen Stall in Potsdam einen Saal als Moschee herrichten lassen. Er legte großen Wert darauf, daß »seine Mohammedaner« ihren religiösen Pflichten nachgingen. Die Moschee lag in der Nähe der Garnisonkirche, deren Glockenspiel nicht umsonst »der Herzschlag Preußens« genannt wurde.

Die Geschichte dieser durch königliches Dekret gegründeten Gemeinschaft ist Teil der preußisch-deutschen Geschichte: 1731 zu Potsdam gewissermaßen als »Adoptivkind« der königlich-preußischen Armee gegründet, durchlief sie viele Stationen bis hin zum Tode von Reichspräsident Paul von Hindenburg im Jahre 1934.

Preußisch-deutsche Moslems als Soldaten in den Feldzügen Friedrich des Großen und in der Schlacht von Preußisch-Eylau am 7. und 8. Februar 1807 gegen Napoleons Armee, als Kaufleute, Diplomaten, Forscher, Entdecker und Schriftsteller, ausgerüstet mit königlichen Privilegien, stets im Dienste sowohl ihrer deutschen Heimat als auch ihrer Religion Islam. Sie verstanden sich dabei immer und stets auch als »Brücke zwischen Okzident und Orient«.

Diese Tradition lebt; sie hat die Wirren der Nachkriegszeit unbeschadet überstanden. So heißt es in der reformierten Gemeindeverfassung des Islamischen Weltkongresses Deutschland vom 2. Februar 1985 bzw. 14. Juni 1992:

»Der Verein Islamischer Weltkongreß Deutschland ist Rechtsnachfolger des am 31. Oktober 1932 gegründeten und am 31. Mai 1933 in das Vereinsregister beim Amtsgericht Berlin-Lichterfelde eingetragenen Vereins Islamischer Weltkongreß/Zweigstelle Berlin, der damaligen Spitzenorganisation für alle im Deutschen Reich lebenden Anhänger der islamischen Glaubensgemeinschaft. Damit bekennt sich der Verein Islamischer Weltkongreß Deutschland zur Geschichte, den Traditionen und zum Brauchtum der 1731 durch königliches Dekret zu Potsdam erfolgten ersten islamischen Gemeindegründung auf deutschem Boden, als deren Erbe und Wahrer sich der Verein betrachtet.

Der Verein Islamischer Weltkongreß Deutschland fühlt sich der Geschichte des Islam in Deutschland verpflichtet und betrachtet sich als Brücke zwischen Deutschland und der islamischen Welt«.

In den Akten des im Jahre 1927 zu Berlin gegründeten Zentralinstituts Islam-Archiv-Deutschland ist der Weg der preußischen und später deutschen islamischen Religionsgemeinschaft in vier Stationen gegliedert worden: 1. bis 4. Gemeindegründung — von 1731 bis exakt 29. August 1985 —. Diese Stationen sollen hier skizzenhaft an einigen herausragenden Ereignissen festgehalten werden.

2. Erste Gemeindegründung

Der Rechtsstatus der islamischen Gemeinde im Königreich Preußen gründet sich auf die Zusage des Königs, daß das Haus Hohenzollern »die islamische Religion und ihre Ausübung schützen und die den moslemischen Untertanen angestammte Lebensform sichern« werde: also auf ein Königswort.

Als im Juni 1740 dem gerade auf den Thron gelangten Friedrich II.

— später »der Große« genannt — eine Anfrage aus Frankfurt/Oder vorgelegt wurde, ob in der evangelischen Stadt ein Katholik das Bürgerrecht erwerben dürfe, schrieb er an den Rand der Eingabe: »Alle Religionen sind gleich und gut, wenn nur die Leute, die sich zu ihnen bekennen, ehrliche Leute sind. Und wenn die Türken (...) kämen und wollten hier im Lande wohnen, dann würden wir ihnen Moscheen (...) bauen«. Unter Friedrich dem Großen kam es zur Aufstellung geschlossener moslemischer Truppenteile in der preußischen Armee:

- Im Jahre 1745 stieß eine Einheit moslemischer Reiter, wenn auch auf sehr skurrile Weise zur preußischen Armee. Der noch immer in der Bevölkerung wirksame »Tatarenschrecken« hatte den feindnachbarlichen Kurfürsten von Sachsen, seinerzeit auch König von Polen, 1744 auf die Idee gebracht, sich dieser Furcht erneut zu bedienen. Er ließ unter den in Ostpolen siedelnden Tataren eine Reiterarmee ausheben, die brandschatzend in Preußen einfallen sollte.
Aber es sollte anders kommen. Der sächsische Kammerherr, der im Auftrage seines Kurfürsten die Löhnung für die tatarischen Reiter nach Polen bringen sollte, kam an den Spieltischen von Warschau nicht vorbei und verlor schließlich das ganze Geld. Und schon damals galt: Kein Geld, keine Tataren. Der albanische Juwelenhändler Stefan Sarkis, der sein ganzes Vermögen in Erwartung reicher Beute in ein »Fähnlein Bosniaken« investiert hatte, bot angesichts der verfahrenen Situation eine Schwadron leichter Lanzenreiter dem König von Preußen an, der genügend Humor besaß und sich auf den Handel einließ.
Die Schwadron stand im Regiment von Ruesch (Schwarze Husaren). Nach Friedensschluß ging Sarkis mit seinen Bosniaken, Albanern und Tataren nach Goldap in Ostpreußen in Garnison.
- Im Jahre 1760 trat ein für die Geschichte des Islam in Deutschland folgenreiches Ereignis ein. In der zaristischen Armee verbreitete sich das Gerücht, der Sultankalif plane aus Freundschaft zu Preußen den »Heiligen Krieg« gegen Rußland auszurufen. Dieses Gerücht hatte unter anderem zur Folge, daß zahlreiche in der russischen Armee dienende moslemische Soldaten zu den Preußen überliefen. Auf Kabinettsordre vom 20. Januar 1762 wurde aus den Überläufern ein selbständiges »Bosniakenkorps« (9. Husarenregiment »Bosniaken«) zu 10 Eskadronen (1000 Mann) errichtet.
In den Matrikeln dieser Truppe taucht zum ersten Mal der Name eines preußischen Heeres-Imam auf: Es handelt sich um einen Leutnant Osman, Prediger der »preußischen Mohammedaner«.

- Garnisonsorte der moslemisch-preußischen Truppen waren Goldap, Lyck, Nikolaiken, Sensburg, Arys, Schirwindt, Johannisburg, Oletzko, Bialla, Stallupönen unter anderen.
Die moslemischen Reiter nahmen an einer Reihe von Gefechten teil, so 1757 bei Groß-Jägersdorf, 1758 bei Zorndorf, 1759 bei Kay, am 8. Juli 1761 bei Lubien, am 21. Juli 1762 bei Burkersdorf und am 16. August desselben Jahres bei Reichenborn. Da die Truppen sich bei Reichenborn mit besonderer Bravour geschlagen hatten, ordnete der König bei der Reduktion von 1763 an, daß ein Stamm beibehalten wurde.
Wie es in den Urkunden heißt, fanden die moslemischen Reiter nach der Wiederherstellung des Regiments bei der Revue 1772 »den vollen Beifall des Königs«.

- 1778 nahm das Regiment am Bayerischen Erbfolgekrieg teil.

- Als Westpreußen 1772 wie später weitere polnische Gebiete (1793/95) an Preußen fiel, traten die dort lebenden kleinadligen Nachkommen der tatarischen »Goldenen Horde« gerne bei den preußischen Lanzenreitern ein. Am 23. August 1795 gewährte der König den Tataren Neu-Ostpreußens nicht nur freie Religionsausübung und freien Wohnbezirk, sondern ein Korps Leichte Reiterei. »Als Dissidenten in der polnischen Adelsrepublik nur eben geduldet, dienten die Anhänger des Propheten auch in der Katastrophe von 1806/1807 mit Hingabe einem König, der jede Religion anerkannte und auch schützte«, heißt es dazu in einer Urkunde.

- Auf Ordre von König Friedrich Wilhelm III. vom 14. Oktober 1799 wurde das Bosniakenregiment in ein aus den moslemischen Kleinen Edelleuten (Oghlanis) von Neu-Ostpreußen bestehendes Regiment »Towarczy« (Kameraden) umgewandelt und 1807 in ein Regiment Ulanen (von Oghlani = Edelknabe/Junker).

- Am 7. und 8. Februar 1807 erlitt Napoleons Armee bei Preußisch-Eylau die einzige Niederlage im preußisch-französischen Krieg. Ihr gegenüber standen auch die moslemischen Einheiten. Die Tapferkeit der Truppe war nach den vorliegenden Berichten aus jener Zeit motiviert, weil sie »ihrem König für die Sicherung ihrer angestammten Lebensformen und die ihnen gewährte Religions- und Glaubensfreiheit danken wollten«.

- 1808 wurde das moslemische Regiment geteilt. Es entstanden das Ulanenregiment Kaiser Alexander III. von Rußland (Westpreußisches Nr. 1) und das Ulanenregiment von Katzler (Schlesisches Nr. 2).

Damit endet die Geschichte der moslemischen Truppen der preußischen Armee, wenngleich in beiden Ulanenregimentern die Tradition der »Bosniaken« und »Towarczy's« bis zum Jahre 1919 fortlebte. So trugen die Ulanen auf ihren Lederhelmen den »Tszhapka«, eine stilisierte tatarische Gebetskappe.

In den letzten Jahren seines Bestehens war das Regiment »Towarczy« was die Religionszugehörigkeit seiner Soldaten anging, eine »ökumenische Truppe«. Von den 1320 Regimentsangehörigen waren 1220 Moslems und 100 Christen.

Die Vorfahren der preußischen Oghlanis waren aus der Tatarei geflohen, als es im 14. Jahrhundert zu Kämpfen zwischen Timur und der Goldenen Horde kam. Sie hatten sich in Ostpolen niedergelassen und 1410 auf polnischer Seite an der Schlacht gegen den Deutschen Orden bei Tannenberg teilgenommen. Ihre Nachfahren leben heute noch in den Dörfern Bohomiki und Kruszyniany in den Wojewodschaften Bialystok und Zielona Gora.

Der erste islamische Grundbesitz auf deutschem Boden war ein Friedhof.

Als am 29. Oktober 1798 der türkische Gesandte und Botschafter am Berliner Hof, Ali-Aziz-Effendi starb, erwarb König Friedrich Wilhelm III. vom Grafen Podewils ein Gelände in der Hasenheide (Blücherstraße), das als Gräberfeld dienen sollte. Eigentümer dieses Friedhofes war von Anfang an das Osmanische Reich.

Der Bau der Kaserne des Kaiser-Franz-Garde-Grenadier-Regiments Nr. 2 erforderte im Jahre 1866 eine Verlegung des Begräbnisplatzes. Seither befindet sich der »Türkische Friedhof« gegenüber dem »Dennewitz-Friedhof« am Columbiadamm. Inmitten des Gräberfeldes erhebt sich eine kulturhistorisch wertvolle Türbe: eine acht Meter hohe halbmondgekrönte Gedenksäule, ein Geschenk des Sultankalifen Abdul Hamid II. Khan.

Vor dieser ersten islamischen Gemeindegründung auf deutschem Boden ist das Schicksal der türkischen Kriegsgefangenen aus den Jahren 1686 bis 1698 anzusiedeln. Ihre Zahl ging in die Tausende. Aber wir wissen über sie kaum etwas oder nur sehr wenig. 1964 veröffentlichte der deutsche Orientalist Otto Spieß einen Aufsatz zu diesem Thema, in dem es heißt, unter den Gefangenen sei es zu Konversionen zum Christentum gekommen. Diese Türken seien schließlich ganz im deutschen Volkstum aufgegangen und hätten sich

13

in Franken, Bayern, Sachsen und in Niederdeutschland niedergelassen. Gleichwohl seien die meisten Gefangenen ihrem islamischen Glauben treugeblieben und später in ihre Heimatländer zurückgekehrt.

In diesem Zusammenhang muß auch die sogenannte »Rote Moschee« im Schloßpark zu Schwetzingen erwähnt werden. Sie war von 1780 bis 1785 im Auftrage des pfälzischen Kurfürsten Carl-Theodor als Mittelpunkt eines »Türkischen Gartens« erbaut worden. Wenngleich nicht als Sakralbau konzipiert, wurde sie dennoch nach dem deutsch-französischen Krieg 1870/71 von kriegsgefangenen Zuaven und Turkos, die in einem Lazarett in Schwetzingen gesundgepflegt wurden, dankbar als Gebetsstätte angenommen.

- Kaiser Wilhelm II. hatte am 8. November 1898 am Grabe Saladin des Großen in Damaskus gegenüber dem Sultankalifen erklärt: »Möge seine Majestät der Sultan und die 300 Millionen Mohammedaner, welche auf der Erde verstreut leben und in ihm ihren Kalifen verehren, dessen versichert sein, daß zu allen Zeiten der Deutsche Kaiser ihr Freund sein wird«.

- Als dann im Jahre 1914 in Wünsdorf bei Zossen, nahe Berlin, ein »Mohammedanisches Gefangenenlager« angelegt wurde, löste der Kaiser sein Versprechen ein. Im Winter 1914 ließ er eine Moschee für die Gefangenen bauen, die mit einem 23 Meter hohen Minarett versehen war.

  Für die in der Gefangenschaft verstorbenen Moslems wurde eine Wegstunde von Zossen entfernt, in Zehrendorf, ein Soldatenfriedhof angelegt, auf dem sich das einzige Mohammaddenkmal der Welt befand.

  Der Friedhof liegt heute inmitten eines Panzerübungsgebietes der GUS-Streitkräfte. Die Gräber und Grabbauten sind von den übenden Panzern niedergewalzt und zerstört worden.

  Das Lager wurde 1922 aufgelöst, nachdem es mehrere Jahre russischen moslemischen Emigranten als erste Zufluchtsstätte gedient hatte. Auch bei ihnen hatte es sich mehrheitlich um Angehörige tatarischer Stämme gehandelt.

3. Zweite Gemeindegründung

Die Wünsdorfer Moschee diente nach dem Ersten Weltkriege den Berliner Moslems als erste Gebetsstätte. In der damaligen Reichshauptstadt lebten Angehörige des Islam aus 41 Nationen. Sie hatten sich 1922 zur »Islamischen Gemeinde Berlin« zusammengeschlossen. 1924 mußte schließlich die aus Holz gebaute Wünsdorfer Moschee wegen Einsturzgefahr geschlossen werden. Sie wurde 1925/26 abgebrochen.

- Von organisiertem islamischen Gemeindeleben in Deutschland kann man vom Jahre 1922 an sprechen, als der indische Imam Maulana Sadr-ud-Din aus Lahore in Berlin-Charlottenburg eine deutsche Moslemgemeinde gründete. Zwei Jahre später konnte diese Gemeinde in Berlin-Wilmersdorf eine Moschee eröffnen, die bis zum Ende des Zweiten Weltkrieges im Jahre 1945, Mittelpunkt des islamischen Lebens in Deutschland und auch für die Länder Ost- und Südosteuropas sein sollte. Ab dem Jahre 1930 führte die Moscheegemeinde den Namen »Deutsch-Moslemische Gesellschaft«. Mit dieser Umbenennung war gleichzeitig ein für die damalige Zeit ungewöhnliches Programm verbunden: Die neue Gemeinschaft nahm auch Christen als Mitglieder auf.
- Ebenfalls in Berlin wurde im Jahre 1927 das Zentralinstitut Islam-Archiv-Deutschland gegründet, das heute in Soest seinen Sitz hat. 1942 erhielt das Archiv den Rechtsstatus eines eingetragenen Vereins. Das Zentralinstitut ist nach wie vor die einzige unabhängige islamische Einrichtung im deutschsprachigen Raum.
- Im Jahre 1932 entstanden schließlich zwei weitere islamische Institutionen in Berlin, die heute ebenfalls noch bestehen:
  a) am 31. Oktober 1932 gründeten 60 moslemische Flüchtlinge aus der Sowjetunion gemeinsam mit deutschen Moslems eine deutsche Sektion des Islamischen Weltkongresses, unter deren Dach sich am 27. Mai 1933 alle moslemischen Vereinigungen im damaligen Deutschen Reich zusammenschlossen;
  b) die deutsche Sektion des Islamischen Weltkongresses richtete mit einem »Islam-Kolloquium« die erste moslemische Bildungseinrichtung auf deutschem Boden ein, der auch die Erteilung eines islamischen Religionsunterrichtes an moslemische Kinder übertragen wurde.
  Das Islam-Kolloquium ist heute Teil des Zentralinstituts Islam-Archiv-Deutschland.

Zum Islam bekannten sich in jenen Jahren etwa 300 Deutsche. Die Gesamtzahl der Moslems belief sich auf rund 1000. Zum Vergleich: In der preußischen Armee hatten ständig bis zu 1500 Soldaten islamischen Glaubens gedient.

15

Viele deutsche Moslems sind im Zweiten Weltkrieg gefallen, andere blieben verschollen. Viele der Überlebenden wanderten ins islamische Ausland ab, andere resignierten und zogen sich aus dem bekennenden Gemeindeleben zurück. Vorsichtige Erhebungen um das Jahr 1947/48 sprechen von rund 150 deutschen Islamanhängern; davon rund 50 in Mitteldeutschland.

4. Dritte Gemeindegründung

Heute, fast 50 Jahre nach dem Ende des Zweiten Weltkrieges, kann von etwa 3000 deutschstämmigen Moslems ausgegangen werden, wobei korrekterweise hinzugefügt werden muß, daß seit Kriegsende etwa 40000 deutsche Frauen in eine ausländische moslemische Familie eingeheiratet und bis auf eine Minderheit unter ihnen den islamischen Glauben angenommen haben. Will man jedoch den deutschen Islam insgesamt erfassen, muß man zusätzlich einen Personenkreis berücksichtigen, der gewissermaßen ein Produkt der gesellschaftlichen Entwicklung seit 1945 ist: die deutschsprachigen Moslems.

Der Begriff »deutschsprachige Moslems« hat sich in den letzten Jahren eingebürgert und beschreibt primär Moslems, die die deutsche Staatsbürgerschaft erworben und gleichwohl ihre besondere islamische Identität beibehalten haben.

In erster Linie steht für diesen Personenkreis die »Geistliche Verwaltung der Moslemflüchtlinge in der Bundesrepublik Deutschland« in München. Etwa 1500 Mitglieder dieser Gemeinschaft sind in den verflossenen Jahrzehnten deutsche Staatsbürger geworden.

- In den letzten Jahren haben zudem rund 5000 moslemische Türken sowie Moslems anderer Nationalitäten einen deutschen Paß erworben. Insgesamt wird der Personenkreis »deutschsprachige Moslems« heute etwa 7000 Menschen umfassen.

Geschichte verträgt weder Manipulation noch Einengung auf je genehme Entwicklungen bzw. auf bestimmte Gruppierungen und deren Wirksamkeit. Daher wäre der Abriß »3. Gemeindegründung« unvollständig, wollte man die »Ahmadiyya Moslem-Bewegung« aussparen, nur weil sie von der Orthodoxie auf unbestimmte Zeit suspendiert worden ist.

- Religionsgeschichtlich gesehen ist die Ahmadiyya eine islamische Sondergruppe — den Begriff »Sekte« kennt der Islam nicht —, die 1974 auf Betreiben der Islamischen Welt-Liga und der Jama'at-i-

Islami Pakistan als Häresie verurteilt und aus der islamischen Weltgemeinschaft ausgeschlossen worden ist. Die theologischen Fakten und Aspekte müssen hier außen vor bleiben. Soviel bleibt jedoch festzuhalten: Die Bewegung gilt seither — ähnlich den Baha'i — als eigenständige nicht-islamische Religionsgemeinschaft. Wobei sie selbst — ganz im Gegensatz zu den Baha'i — darauf besteht, gut islamisch zu sein.

Der Ahmadiyya ist ein sehr stark entwickeltes Missionsbewußtsein implizit. Sie unterhält in Hamburg, Frankfurt/Main, in München und Köln Moscheen. Die Zahl der deutschen Mitglieder (sie nennen sich Ahmadi-Moslems) dürfte sich auf nicht mehr als 300 belaufen.

Insgesamt leben in der Bundesrepublik etwa 10 000 Mitglieder der Ahmadiyya-Gemeinschaft. Die Zahl der Gemeinden beläuft sich auf 170.

Muslime in Deutschland (nach Staatsangehörigkeit)

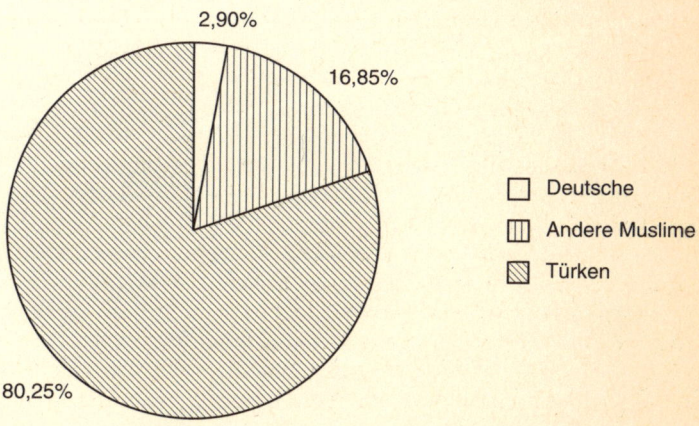

2,90%
16,85%
80,25%

☐ Deutsche
▥ Andere Muslime
▨ Türken

Zahl der muslimischen Einwohner in der Bundesrepublik Deutschland nach Bundesländern und Nationalitäten *(alte Bundesländer lt. Volkszählung von 1987)*			
Bundesland	muslim. Deutsche	muslim. Türken	and. muslim. Ausländer	Muslime insgesamt
Baden-Württemberg	5 871	230 783	36 538	273 192
Bayern	5 638	178 397	31 193	215 228
Berlin (West)	5 301	105 234	16 956	127 491
Bremen	783	20 988	2 586	24 357
Hamburg	2 799	44 618	14 468	61 885
Hessen	5 166	124 916	40 558	170 640
Niedersachsen	4 448	79 183	19 745	103 376
Nordrhein-Westfalen	14 025	460 609	98 646	573 280
Rheinland-Pfalz	1 809	45 885	10 608	58 302
Saarland	575	6 588	2 753	9 916
Schleswig-Holstein	1 471	27 674	4 140	33 285
Gesamtzahl	47 886	1 324 875	278 191	1 650 952

5. Vierte Gemeindegründung

Genau genommen handelt es sich bei der vierten Gemeindegründung eigentlich um eine Wiederbelebung bzw. Wiederherstellung eines »alten Zustandes«.

- Am 3. April 1972 faßte der Islamische Weltkongreß organisatorisch und originär wieder Fuß in der Bundesrepublik: zunächst durch die Einrichtung einer Korrespondentenstelle in Saarbrücken;
- Am 23. Juli 1977 wurde dann der »Freundeskreis Islamischer Weltkongreß« mit Sitz in Gütersloh gegründet, als Vorstufe für die Wiedergründung einer nationalen Sektion;
- Am 22. Februar 1979 berief der Islamische Weltkongreß einen Bevollmächtigten Vertreter für die Bundesrepublik und West-Berlin;
- Die Einsetzung der nationalen Sektion erfolgte am 30. September 1982 in Rinteln/Weser;
- Am 8. Februar 1984 reklamierte die Vertretung des Islamischen Weltkongresses beim Amtsgericht Berlin-Charlottenburg die

Rechtsnachfolge aus der 2. Gemeindegründung, die am 13. Februar 1984 anerkannt wurde.

Damit war die Kontinuität der Existenz des Islamischen Weltkongresses in Deutschland wiederhergestellt und die geeignete Ausgangsposition für künftige Strukturen geschaffen.

6. Islam in Deutschland

Das geistige und religiöse Leben des Islam in der Bundesrepublik Deutschland spielt sich heute in etwa 1200 Moscheengemeinden ab, von denen etwa 1000 dem Islam türkisch-osmanischer Tradition zugerechnet werden müssen. Es spiegelt inzwischen das gesamte Spektrum der moslemischen Ökumene — der »umma«.

Neben den Sunniten unterschiedlichster Nationalitäten und Riten, finden wir nahezu sämtliche Erscheinungsformen des Schiismus: Zwölferschiiten ebenso wie Ismailiten, Zaiditen oder Aleviten. Derwischorden und Sufigemeinschaften wirken in unserem Lande wie auch die Moslembruderschaft und die Jama'at-i-Islami.

Fundamentalisten streiten in ihren Schulen mit Traditionalisten und Modernisten um den rechten Weg. Sondergemeinschaften und »Häretiker« sind geduldet und verkünden völlig ungehindert ihre Lehren, trotz gelegentlicher Proteste aus dem moslemischen Ausland. Es gibt kaum eine islamische oder pseudoislamische Richtung oder Sonderheit, die im heutigen Deutschland nicht vertreten wäre. Die Moslems können ihre religiöse Vielfalt im Schutze der durch das Grundgesetz garantierten Religionsfreiheit ungestört entwickeln, wenngleich die Freiheit der Religionsausübung mit allen daraus resultierenden Rechten nicht immer gewährleistet ist. So ist eine rechtliche und tatsächliche Gleichstellung oder Gleichbehandlung der islamischen Gemeinschaften mit den beiden christlichen Großkirchen und der griechisch-orthodoxen Gemeinschaft noch immer nicht erfolgt. Der dem weltanschaulich neutralen Staat des Grundgesetzes und der Länderverfassungen zwingend aufgegebene Gleichbehandlungsgrundsatz gilt in der Praxis anscheinend nicht für den Islam.

Will man die gesellschaftspolitische Einordnung des »eingewanderten Islam« profilgetreu nachzeichnen, ist es zwingend notwendig auf den europäischen Gesamtrahmen zurückzugreifen. Dieser Erkenntnis liegt die schlichte Tatsache zugrunde, daß sich der »eingewanderte Islam« längst der politischen Geographie des EG-Raumes angepaßt hat und entsprechend grenzüberschreitend agiert. Es wäre geradezu verhängnisvoll, wollte man in diesem Feld von nationalen Kategorien ausgehen. Das gilt im übrigen uneingeschränkt auch für Lösungsansätze oder Lösungsmöglichkeiten in den sozialen und kulturellen Konfliktfeldern. Nationale Lösungen können vor diesem Hintergrund allenfalls vorübergehenden Charakter haben, niemals aber die religiös und kulturell angereicherten Migrationsprobleme lösen. Ein Beispiel mag diese These unterstreichen:

In den letzten Jahren ist Köln fast unbemerkt von der Öffentlichkeit zum Zentrum des türkischen Islam in Westeuropa geworden. Nachdem im Mai 1985 auch die »Türkisch-Islamische Union der Anstalt für Religion« — der türkische »Staats-Islam« also — ihren Hauptsitz am Rhein genommen hat, sind hier sämtliche türkisch-islamischen Großverbände vertreten. Neben der »Türkisch-Islamischen Union« sind dieses der »Verband der Islamischen Kulturzentren« (Süleymancilar), die »Avrupa Milli-Görüs Teskilatlari« (AMGT) und die »Jama'at un-Nur« (Nurculuk). Von ihren Kölner Zentralen aus lenken und kontrollieren diese Verbände die Arbeit von mehr als 2000 türkisch-islamischen Gemeinden in ganz Westeuropa. Die Zahl der Gläubigen in diesen Gemeinden wird auf rund 4 Millionen geschätzt.

In Europa leben derzeit rund 30 Millionen Anhänger des Islam. Davon in Osteuropa und Südosteuropa je 11 Millionen, in Westeuropa 7,9 Millionen, in Südeuropa rund eine Viertelmillion und in Nordeuropa etwa 50 000.

Bei diesen Zahlen wird es jedoch nicht bleiben. Folgt man nämlich den jüngsten Erkenntnissen des Nationalen Instituts für Demographie in Paris über die Entwicklung des Islam in der Welt, so wird die Zahl der Moslems im Jahre 2000 auf mehr als 1,5 Milliarden angewachsen sein. Im Jahre 2010 wird demnach der Anteil der Anhänger des Islam an der Weltbevölkerung wenigstens 35 Prozent betragen.

Dem demographischen Aufschwung der islamischen Länder werden notwendigerweise Bevölkerungsverschiebungen folgen. Die innerstaatliche Migration wird Städte wie Teheran, Algier und Kairo aufblähen, die innerislamische die Anrainerstaaten am Persischen Golf bevölkern. Die dritte, außerislamische Migration aber wird, nach dem Pariser Institut, Schwarzafrika, Südamerika und Europa betreffen.

7. Nationalitäten und Riten

Der Islam in Europa ist voller Widersprüche, hervorgerufen durch eine ungewöhnlich vielschichtige soziale und politische Entwicklung, durch kulturelle, nationale und ethnische Verschiedenheiten. Vordergründig fallen zwei Blöcke auf:

● In Ost- und Südosteuropa finden wir einen bodenständigen, selbstbewußten einheimischen Islam vor, mit einer vielhundertjährigen gewachsenen Tradition und Kultur sowie nationalen Zuordnungen, die deckungsgleich sind mit denen, der Mehrheitsbevölkerung in den einzelnen Ländern. Um so tragischer sind die schlimmen und blutigen Auseinandersetzungen im auseinandergefallenen Jugoslawien einzuordnen;

● Im westlichen Europa ist der Islam dagegen die Religion der Immigranten aus den Ländern Nordafrikas, des Balkans, des Nahen und Mittleren Ostens und Asiens, wobei hinzukommt, daß sein gesellschaftliches Ansehen der soziologischen Einordnung dieser Bevölkerungsgruppen entspricht, d. h. der Islam ist in Westeuropa — Ausnahmen bestätigen die Regel — weithin die Religion der Heimatlosen, der kulturell Entwurzelten, der Fremden und der Unterprivilegierten.

Auch die Tatsache, daß es in einigen Ländern Westeuropas bereits seit mindestens zwei Jahrhunderten kleine islamische Gemeinden gibt, vermag an diesem Gesamtbild kaum etwas zu ändern, wenngleich diese einheimischen Moslems fast ausnahmslos dem Mittelstand bzw. der gehobenen Mittelschicht und damit dem Bildungsbürgertum des jeweiligen Staatsvolkes angehören. Im Gegenteil: Das Ansehen der einheimischen Moslemgemeinden und das gesellschaftliche Prestige, das sich ihre Mitglieder im Laufe der Zeit durch Verdienste um die Gesamtgesellschaft und durch besondere Leistungen zu sichern vermochten, ist durch die Anwesenheit fremdländischer Moslems verdrängt worden. Heute werden die kleinen europäischen Islamgemeinden weitgehend den Zuwanderergruppen zugeschlagen, wobei hinzukommt, daß ihre Mitglieder zwischenzeitlich ein noch geringeres Ansehen genießen als ihre zugewanderten Glaubensbrüder. Letzteren kann man immerhin aufgrund ihrer ethnisch-nationalen Herkunft noch verzeihen, daß sie einer anderen Religion als dem Christentum angehören.

Ein typisches Beispiel mag dieses Bild abrunden:

Seitdem 1984 bekannt wurde, der Islamische Weltkongreß

Deutschland habe einen Rechtsnachfolgeanspruch auf die Vorkriegsgründung seiner Mutterorganisation in Berlin angemeldet, versuchen die Islamexperten der beiden Großkirchen die Geschichte des Islam in Deutschland zu negieren. Ihre Gegenformel lautet: »Der Islam ist in den vergangenen Jahrzehnten mit den moslemischen Ausländern und ihren Familien nach Deutschland gekommen. Er ist auf dem Wege zu einer Religionsgemeinschaft in unserer Gesellschaft zu werden. Er trägt bis heute das fremde Gesicht anderer Nationalität und Kultur.« (Ramadanbotschaft der EKD an die Moslems vom 25. Juni 1984)

Aber auch das kulturelle Erbe der zugewanderten Moslems, stellt sich keineswegs einheitlich dar. Während beispielsweise in der Bundesrepublik Deutschland, in Österreich und in der Schweiz der von der osmanischen Kultur geprägte Islam dominierend ist, überwiegt in Frankreich die nordafrikanische Variante und in Großbritannien die der Moslems des indopakistanischen Subkontinents. In Skandinavien und in den Beneluxländern bilden die Türken zwar zwischenzeitlich ebenfalls die relative Mehrheit unter den zugewanderten Moslems, das bedeutet jedoch keineswegs, daß sie damit auch kulturell tonangebend wären. In Frankreich besitzen die Moslems zudem zum größten Teil das französische Bürgerrecht und haben eine französische Akkulturation hinter sich gebracht. Ähnlich verhält es sich mit der islamischen Minderheit in Großbritannien, wenngleich die meisten Gemeinschaften dort ihre Existenz in einer Subkultur suchen. Das ist bei der weitaus überwiegenden Mehrheit der Moslems in den anderen europäischen Ländern indes nicht der Fall. Ihre Existenz wird durch ausländerrechtliche Bestimmungen eingeengt und geregelt. Sie sind allein von daher bereits zu »Bürgern zweiter Klasse« abgestempelt.

Aber auch vom Ritus her gibt es Unterschiede. Zwar sind nahezu 96 Prozent aller in Westeuropa lebenden Moslems Sunniten, aber ihre vom jeweiligen Ritus geprägten Verhaltensweisen bestimmen entscheidend ihre Einstellung zu einheimischen, andersgläubigen Bevölkerungsgruppen.

Während in der Bundesrepublik Deutschland beispielsweise der hanifitische Ritus vorherrscht, haben wir es in Frankreich fast ausschließlich mit malikitischen Moslems zu tun. In Südeuropa, Skandinavien, Großbritannien und in den Beneluxländern finden wir dagegen neben den bereits genannten Riten auch größere Gruppen von Schafi'iten und Hanbaliten. Wir haben es also in Westeuropa mit dem gesamten Spektrum des sunnitischen Islam zu tun: mit liberalen, konservativen und fundamentalistischen Gruppierungen, von kleineren schiitischen Gemeinschaften mit ihren jeweiligen Traditionen einmal abgesehen.

8. Öffnung zur Gesellschaft

Der Islam in Deutschland ist seit 1989 unversehens in Bewegung geraten. Organisationen, die sich bislang mißtrauisch und ablehnend gegenüberstanden, haben sich einander angenähert und sind zum Teil Koalitionen eingegangen. Gemeinsame Arbeitsgruppen wurden gegründet, um gesamtislamische Probleme zu diskutieren und gegenüber den deutschen Behörden zu vertreten. Wie weit das Spektrum dieser Arbeitsgruppen reicht, wird deutlich, wenn man bedenkt, daß sich auch die »Türkisch-Islamische Union der Anstalt für Religion« (DITIB) diesem Trend nicht verschlossen hat. Das Zentralinstitut Islam-Archiv-Deutschland in Soest wird von der Mehrheit der Moslemorganisationen zunehmend als »gemeinsame und konfessionsneutrale Gesprächsebene« anerkannt. Die gewohnten und oft auch »liebgewordenen« Etiketten — von liberal bis extremistisch — sind überholt. Sie noch zu benutzen ist leichtfertig und irreführend. Der Islam in der Bundesrepublik ist zunehmend konservativer geworden. Das gilt für alle Strömungen. Die neuen Etiketten heißen »gesellschaftsoffen« oder »gesellschaftsablehnend«. Die extremistischen Gruppierungen unter den Moslems in der Bundesrepublik sind längst zu verschwindenden und bedeutungslosen Minderheiten geworden. Sie feiern nur noch in bestimmten Massenmedien, in der Missionsliteratur und in der Phantasie zweitklassiger Autoren »fröhliche Urständ«. Bei den hier lebenden Moslems finden sie kaum noch Zuspruch oder Beifall.

Nach allen Erkenntnissen haben die meisten nichtstaatlichen Moslemorganisationen in der Bundesrepublik seit 1988 an Mitgliedern und Einfluß verloren. Stärkste islamische Gruppierung ist derzeit die »Türkisch-Islamische Union der Anstalt für Religion« (DITIB). Die DITIB untersteht unmittelbar der Jurisdiktion der Obersten Türkischen Religionsbehörde in Ankara. Sie vertritt in der Bundesrepublik also den türkischen »Staats«-Islam, der entschieden laizistisch ausgelegt ist. Der Erfolg der DITIB geht offensichtlich zu Lasten des »Verbandes der Islamischen Kulturzentren« (Süleymancilar-Bewegung). Der Verband kann schon heute nicht mehr für sich in

Anspruch nehmen, in allen Bundesländern vertreten zu sein. Stabilisiert hat sich dagegen die »Vereinigung der neuen Weltsicht in Europa« (AMGT). Nach einer Schwächephase und einem Umdenkungsprozeß, ausgelöst durch den »Khomeini von Köln«, Cemaleddin Kaplan, und seinen »Verband Islamischer Vereine und Gemeinden« setzt die AMGT auf eine gesellschaftsoffene Politik. Heute ist die Vereinigung die größte nichtstaatliche Moslemorganisation in der Bundesrepublik Deutschland und in Europa. Dagegen kann die Kaplan-Gruppe lediglich noch auf 3000 Mitglieder verweisen. Die »Jama'at-un-Nur« (Nurdschuluk-Bewegung), die schon immer eine dialogorientierte Politik betrieben hatte, hat in den letzten zwei Jahren einen Spaltungsversuch überstehen müssen. Alles in allem ist die Gemeinschaft jedoch stabil geblieben und gewinnt neue Anhänger hinzu.

Stabil ist auch die Lage bei den nichttürkischen Moslemsvereinigungen geblieben. So kann die »Bewegung deutschsprachiger Moslems« mit einigem Erfolg auf die von ihr veranstalteten »Islam-Wochen« und auf die zunehmende Besucherzahl bei den »Treffen deutschsprachiger Moslems« (durchschnittlich 500 Personen) in den Islamzentren in München, Aachen und Hamburg verweisen.

Die großen türkisch-islamischen Organisationen haben ihre bisher auf eine Rückkehr ihrer Mitglieder in ihr Herkunftsland zielende Politik endgültig verabschiedet. Sie setzen jetzt auf eine Dauerpräsenz auch des »zugewanderten Islam« in der Bundesrepublik Deutschland. Das haben die Vertreter der wichtigsten moslemischen Gemeinschaften am 7. September 1990 auf einer Tagung der Politischen Akademie der Konrad-Adenauer-Stiftung in Königswinter bestätigt. Mit diesem Wandel verbunden ist eine verstärkte Hinwendung der hier lebenden Moslems zu innenpolitischen Themen, in deren Mittelpunkt in den kommenden Jahren vor allem Fragen der Identitätserhaltung und Existenzsicherung stehen dürften. Deutlich wurde in Königswinter auch, daß die moslemischen Verbände eine Assimilierung in die deutsche Gesellschaft strikt ablehnen. Ihnen geht es um eine »wohlverstandene Integration« bei Beibehaltung ihrer kulturellen und religiösen Identität. Gleichwohl wird islamisches Handeln künftig nicht nur auf die Bestandserhaltung der eigenen Gemeinschaften gerichtet sein. Vielmehr wollen sich die Moslems der Gesellschaft öffnen und auf diese Weise dem Gemeinwohl dienen.

In Kooperation mit den anderen gesellschaftlichen Gruppierungen wollen sich die islamischen Organisationen zunächst um eine Gleichstellung mit den anderen Glaubensgemeinschaften bemühen und gleichzeitig in ihren eigenen Reihen den Boden für ein besseres Verständnis der Probleme der Mehrheitsbevölkerung bereiten.

Wie in Königswinter weiter deutlich wurde, streben die moslemischen Verbände eine innerislamische Bestandsaufnahme an, in deren Rahmen sie auch eine Distanzierung von radikalen und extremistischen Tendenzen unter den Moslems selbst vornehmen wollen. Eine Vergangenheitsbewältigung steht also an. Eine Verbeugung und vielleicht auch Entschuldigung vor denen, die wegen ihrer Offenheit gegenüber der Gesellschaft bis 1988 noch als »Verräter« diffamiert worden waren.

Es war dieses das erste Mal, daß Vertreter der türkisch-islamischen Großverbände gemeinsam mit deutschen Islamexperten an einem Tisch saßen, um miteinander über gesellschaftliche Fragen zu diskutieren. Auf moslemischer Seite waren vertreten die »Türkisch-Islamische Union der Anstalt für Religion« (DITIB), die »Vereinigung der neuen Weltsicht in Europa« (AMGT), die »Islamische Gemeinschaft Jama'at un-Nur«, der Deutsche Islamrat, die »Islamische Union Deutschlands«, der »Verband der Islamischen Kulturzentren« und die »Islamische Arbeiterkonföderation«. Unter der Überschrift »Der Islam ist kein Hindernis für die Integration« heißt es in einem am 15. Juni 1992 von der türkischen Tageszeitung »Türkiye« veröffentlichten Artikel, daß die türkischen Mitbürger in Deutschland inzwischen in allen Bereichen der Gesellschaft repräsentiert seien. In diesem Prozeß biete die AMGT (Avrupa Milli-Görüs Teskilatlari Red.) das »beste Beispiel für gelungene Integration«. In den Führungsgremien dieser Organisation seien heute junge Menschen beschäftigt, die »glänzend« deutsche Hochschulen absolviert hätten. Und dabei seien sie Moslems geblieben. Dieses Beispiel widerspreche der gängigen These, daß in Deutschland lebende Moslems mit Hochschulstudium zwangsläufig ihrer geistigen Werte verlustig gingen. Die Religion übe in der Bundesrepublik keineswegs einen negativen Einfluß aus.

Der Verfasser, Professor Dr. Faruk Sen, ist Leiter des angesehenen Türkei-Instituts und als Sachverständiger auch der Bundesregierung bestens empfohlen. Der Artikel widerlegt aber auch die Auffassung der Mehrheit der deutschen Innenbehörden, die die AMGT immer noch als »islamisch-extremistisch« und antiintegrativ einstuft.

Letztlich sei darauf verwiesen, daß die Bundesregierung am 6. März 1991 in einer Beantwortung einer Kleinen Anfrage der Gruppe PDS/Linke Liste im Bundestag ausdrücklich unterstrichen hat, daß die Moslems in Deutschland nach allen Erkenntnissen »keine Risikogruppe« darstellen (Drucksache 12/292, Sachgebiet 29).

Dazu heißt es in der Zeitschrift »Woche im Bundestag« vom 24. April 1991, unter der Überschrift »Moslems keine Risikogruppe«:

»Zu keinem Zeitpunkt hat die Bundesregierung alle Angehörigen moslemischer Religionsgruppen als Risikogruppe angesehen. Das betont sie in ihrer Antwort (12/292) auf eine Kleine Anfrage der Gruppe PDS/LL (12/202) zur Verwendung von Volkszählungsdaten. Den Sicherheitsbehörden lägen keine Erkenntnisse aus der Volkszählung vor, die über allgemein zugängliche Informationen hinausgingen. Daneben betont die Regierung, daß Fragen nach der rechtlichen Zugehörigkeit zu einer Religionsgemeinschaft notwendig und rechtmäßig sind. Das habe auch das Bundesverfassungsgericht in seinem Urteil 1983 bestätigt«.

9. Die sozio-kulturelle Situation

Trotz des hoffnungsvollen Trends — dem eine gesellschaftsbezogene Aufklärung nach innen und eine Öffnung nach außen implizit ist, lebt die Mehrheit der Moslems nach wie vor abgedrängt in sogenannten Türkenvierteln mit sehr unterentwickelten Kontakten zur einheimischen Mehrheitsbevölkerung. Die wenigen Kontakte sind obendrein zumeist milieubezogen. Trotz langer Verweildauer ist es nur wenigen Türken gelungen, aus dem (oft auch selbstgewählten) Getto auszubrechen und in die Übergangszone zum Kleinbürgertum einzusteigen: als Händler, Ladenbesitzer oder Handwerker.

Gleichwohl darf nicht übersehen werden, daß türkische Unternehmen in der Bundesrepublik bereits über 125 000 Arbeitsplätze geschaffen haben, wobei anzumerken ist, daß davon 42 000 mit deutschen Arbeitern besetzt sind. Die Zahl der türkischen Selbständigen beläuft sich derzeit auf mehr als 35 000. Der Jahresumsatz dieser Unternehmen lag 1991 bei 28 Milliarden DM bei einer Investitionssumme von mehr als sieben Milliarden DM jährlich. Bereits heute haben rund 45 000 Türken Haus- und Wohnungseigentum in der Bundesrepublik erworben.

Immer mehr türkische Jugendliche besuchen weiterführende Schulen und erreichen Universitäts- bzw. Fachhochschulabschlüsse. Hieraus läßt sich eine mögliche Zukunftsperspektive ableiten, vor allem wenn man die bei türkischen Jugendlichen zu beobachtende gesteigerte Leistungsbereitschaft addiert. An den deutschen Universitäten studierten im Jahre 1991 rund 11 500 Türken.

10. Die religiöse Situation

Von den in der Bundesrepublik lebenden 1,4 Millionen Türken bezeichnen sich etwas mehr als 68 Prozent als bekennende sunnitische Moslems (960 000). Allerdings ist ihr Organisationsgrad sehr gering. Die religiösen Gruppierungen, die nach außen hin das Bild des Islam in der Bundesrepublik prägen, organisieren lediglich knapp 10 Prozent der hier lebenden Moslems. Streng genommen können sie also kaum für *den* Islam sprechen, allenfalls für ihre jeweils eigene Klientel. Sie vertreten also primär Gruppeninteressen und gruppenspezifische Anliegen. Dennoch ist eine Konsolidierung islamischer Existenz in der Bundesrepublik zu beobachten. Der Islam ist aus dem Hinterhof in die Öffentlichkeit getreten, er ist berechenbar geworden und geht von einer Dauerpräsenz in Deutschland aus.

11. Die rechtliche Situation

Bei aller Konsolidierung seiner Existenz muß jedoch festgestellt werden, daß der Islam in der Bundesrepublik keine Stimme hat. Er wird für unmündig erachtet. Das wiederum hat zu einer geradezu grotesken Situation geführt. Der Staat zieht die Kirchen zu Rate — die Konkurrenz der Moslems also — wenn es um Fragen des Islam geht, und nicht die Betroffenen selbst. Dieser Umstand begründet das tiefe Mißtrauen vieler islamischer Gruppierungen und Organisationen gegenüber dem deutschen Staat.

Der Islam ist mit den christlichen Großkirchen nicht gleichgestellt, obwohl der weltanschaulich neutrale Staat des Grundgesetzes und der Länderverfassungen auf das Gleichbehandlungsprinzip festgelegt ist.

Hinzu kommt, daß es in der Bundesrepublik Moslems zweierlei Rechts gibt: die deutschen Moslems auf der einen und die ausländischen auf der anderen Seite. Der Mehrheits-Islam in der Bundesrepublik unterliegt den einschränkenden Bestimmungen des Ausländerrechts. Zwar ist den inländischen wie ausländischen Moslems die Religionsfreiheit garantiert; ihre Religionsgemeinschaft ist jedoch nicht anerkannt und damit unterprivilegiert. Das wird schon auf der Steuerkarte deutlich, wo der Islam unter dem Kürzel »versch.« rangiert, wenngleich er längst zur drittgrößten Religionsgemeinschaft in Europa geworden ist — nach der katholischen und den protestantischen Kirchen.

12. Das Bild des Islam in der deutschen Öffentlichkeit

Das Bild des Islam in der deutschen Öffentlichkeit wird geprägt durch eine auf Konkurrenzdenken beruhende Missionsliteratur, die den Islam bewußt abwertet und zu einer Gefahr für die Christenheit hochstilisiert. Dabei scheut diese Art von Literatur auch nicht vor bewußter Falschdarstellung zurück. Die Fanatiker und die Bösen sind immer die Moslems; die Guten, Toleranten und Unschuldigen sind in diesem Bild natürlich immer die Christen.

Das Islambild in den Medien unterscheidet sich davon lediglich in seiner Wirksamkeit. Derzeit versuchen die Medien — Ausnahmen bestätigen die Regel — durch eine bewußte »Islamisierung« der Konflikte in den von Moslems bewohnten Regionen der Erde, den Islam als eine Art »nachkommunistische Gefahr« für die Zivilisation darzustellen, wobei Europas »zivilisatorische Fehlgriffe« und die »christliche Geschichte der Unchristlichkeit« mehr oder weniger schamhaft verschwiegen werden.

Allerdings muß ebenso deutlich hinzugefügt werden, daß das von Moslems an den Tag gelegte eigene Fehlverhalten ein gerechtes Urteil über den Islam in vielen Fällen erschwert. Sie haben durch Fanatismus und Radikalismus maßgeblich dazu beigetragen, daß der Islam heute mit »Heiliger Krieg«, »Geiselnahme«, »Flugzeugentführung« und anderen unmenschlichen Verhaltensweisen gleichgesetzt werden kann.

II. Kapitel
Heimatlosigkeit: Chance oder Gefahr?

Die islamische Gemeinschaft ist in der Fremde unter den Bedingungen von Heimatlosigkeit entstanden. Der Prophet Mohammad mußte seine Heimat verlassen, um seiner Gemeinschaft eine neue Mitte zu geben. Der Emigration des Propheten ist implizit, daß er durch seine Flucht aus Mekka der Stammessolidarität verlustig ging. Er war von diesem Zeitpunkt an vogelfrei, da er die Blutsbande gelöst hatte. Erst durch diesen Bruch konnte der Islam seine Gültigkeit für alle Menschen gewinnen, ohne Ansehen der Rasse, Nationalität oder Hautfarbe. In der Heimatlosigkeit wurden die Blutsbande durch das Band des Glaubens ersetzt und damit der Islam zur Weltreligion befähigt.

Der Neuaufbruch des Islam gegen Ende des 19. und zu Beginn des 20. Jahrhunderts wurde ebenfalls in der Heimatlosigkeit konzipiert bzw. erhielt in der Fremde, unter Exilbedingungen, seine entscheidenden Impulse. Sayyid Jamaluddin Al-Afghani und Mohammad 'Abduh fanden in Frankreich in der Konfrontation mit dem säkularen Europa zurück zum väterlichen Islam, zur kritischen Distanz und erlangten dadurch die Befähigung, die Schwachstellen ihrer Gemeinschaft zu erkennen, zu analysieren und Reformen zu entwickeln.

1. Individuelle Chancen

Die ausländischen Moslems sind in der Bundesrepublik zweifellos auf bessere Lebensbedingungen getroffen als in ihren Herkunftsländern. Dazu gehören ein durch Tarifverträge geregeltes Arbeitsleben, das die Rechte der Beschäftigten gleichberechtigt neben ihre Pflichten setzt, die soziale Absicherung im Krankheitsfall und bei Arbeitslosigkeit und die Altersversorgung, die auch die Familie einschließt. Hinzu kommen größere Bildungschancen, trotz Erschwernissen Aufstiegsmöglichkeiten sowie bessere Voraussetzungen, Eigentum zu schaffen und beruflich unabhängig zu werden.

2. Chancen für die Gemeinschaft

Die türkisch-islamischen Gemeinschaften in Deutschland haben die einmalige Chance, losgelöst von der starr-bewahrenden bäuerlichen Tradition und dem damit verbundenen volkstümlichen und von der Volksfrömmigkeit geprägten Islam, die in der Türkei versäumte Reform der islamischen Gesellschaft nachzuholen:

a) durch eine umfassende Bildungsreform (Anhebung des Bildungsniveaus), die das deutsche Schulwesen anbietet;

b) durch einen wissenschaftlich abgesicherten islamischen Religionsunterricht;

c) durch eine Alphabetisierung der Erwachsenen und die damit verbundene Befähigung, den Koran und die Traditionen auch individuell und intellektuell erfahren und verarbeiten zu können.

Mit anderen Worten: Durch die Bewärung der Tradition in einer für den Islam atypischen Umwelt kann unter Aneignung der Theologien von Sayyid Jamaluddin Al-Afghani und Mohammad 'Abduh eine reformerische Bewegung in Gang gesetzt werden, deren Impulse auch in den Herkunftsländern positive Veränderungen und Entwicklungen einleiten und bewirken könnten. Solche Impulse werden dort erwartet in der Erkenntnis, daß von innen heraus derzeit kaum Möglichkeiten bestehen, Raum für eine ernsthafte Neuorientierung zu schaffen. Dem stehen vor allem politische Gründe entgegen.

3. Individuelle Gefahren

Bleiben auf die Dauer die von vielen Moslems erwarteten reformerischen Impulse aus, so steht zu befürchten, daß es zu Entwurzelungen und zu sittlichen und moralischen Verkrustungen sowohl im individuellen Leben als auch im Leben der islamischen Gemeinschaft kommt. Die Folgen sind voraussehbar: Flucht in die innere Emigration, Zerstörung traditioneller Strukturen, Bruch der Familienbande durch eine mehr oder weniger gewaltsame Ablösung historisch gewachsener, aber vor dem Hintergrund der europäischen Gesellschaft überholter Autoritäten.

Eine Folge dieser Entwicklung wäre der Verlust der traditionellen Identität, was um so persönlichkeitszerstörender wirken würde, als es an einer neuen Identität mangelt. Der so vorprogrammierte Abfall vom Glauben führt folgerichtig zum Verlust der inneren Heimat, ohne daß der von diesem Schicksal Betroffene je die Chance gehabt hätte, die lebensgestaltenden Möglichkeiten seiner Religion kennen-gelernt zu haben.

4. Gefahren für die Gemeinschaft

Eine Entwurzelung der Gläubigen würde zwangsläufig zu einem Bestandsverlust der Gemeinschaft führen. Die zu beobachtende Anpassungsunfähigkeit vieler Moslems und ihrer Gruppierungen an die gesellschaftlichen Gegebenheiten ihres Umfeldes haben diese für den Islam negative Entwicklung bisher eher gefördert als aufgehalten. Zahlen belegen diesen Trend: Nur noch 12 Prozent der türkischen Jugendlichen unter 16 Jahren sind gewillt, die religiöse Tradition ihrer Eltern auch unter den gesellschaftlichen Bedingungen der Bundesre-publik beizubehalten. 58 Prozent hingegen haben sich bereits vom Islam »distanziert«; 22 Prozent räumen ein, sich nur deshalb religiös zu betätigen, »weil ihre Eltern es wollen oder entsprechenden Druck auf sie ausüben«. Das deutet auf die Unfähigkeit vieler Erwachsener hin, die für den Islam als Gemeinschaftsreligion lebenswichtigen Gemeinschaftserlebnisse unter den neuen Bedingungen zu vermitteln und zu leben. Die in der Diaspora lebenden Moslems sehen sich also schon heute mit der Zerstörung des tragenden Elements islamischer Frömmigkeit konfrontiert – mit der Zerstörung des Gemeinschafts-gefühls. Eine der Folgen wäre die Assimilation und damit die Aufgabe der besonderen Merkmale spezifisch islamischer Wertevorstellungen. Dem Verlust der traditionellen Identität und der inneren Heimat würde zwangsläufig auch der Verlust der islamischen Identität folgen.

5. Zusammenleben mit Andersgläubigen

These 1

Die Christen sind in der stärkeren, die Moslems in der schwächeren Position. In der Bundesrepublik haben die Kirchen trotz Säkularisa-tion und Mitgliederschwund noch immer eine Fülle von institutionel-len Vorrechten und Vorteilen und sind gegenüber den moslemischen Gruppierungen privilegiert.

Die islamische Minderheit leidet unter dieser tatsächlichen und auch greifbaren Ungleichheit. Sie hat weder die Möglichkeit, am Erziehungswesen teilzunehmen — in der Bundesrepublik leben etwa 750 000 moslemische Kinder unter 16 Jahren —, noch kann sie an politischen Entscheidungsprozessen teilnehmen.

These 2

Die Christen sollten sich bemühen, die Moslems mit deren Augen zu sehen. Um mit Christen in einer Gemeinschaft leben zu können, bedarf es zunächst der Erkenntnis, daß diese ihre Schwellenängste gegenüber dem Islam abbauen müßten. Sie sind in jedem Fall der stärkere Partner, sie gehen in der Begegnung kein Risiko ein, sich an den Islam zu verlieren.

Die politischen Entscheidungen werden von ihnen gefällt und getragen, d. h. auch solche Entscheidungen, die die islamische Minderheit und ihre Existenz in der Gesellschaft betreffen.

Erwartungen zu These 1 und 2

Wir erwarten vor diesem Hintergrund, daß die christliche Seite wenigstens für einen vorübergehenden Zeitraum auch islamische Positionen, also auch die Wünsche und Anliegen der Minderheit, mit in ihre gesellschaftlichen Entwicklungsprozesse einbezieht und das sowohl auf kommunaler, regionaler als auch auf nationaler Ebene. Um das zu erreichen, ist es notwendig, daß die Christen und ihre Gemeinschaften ihren oft erschreckenden Analphabetismus im Blick auf den Islam und die moslemische Lebensweise abbauen. Sie müssen lernen, den Islam mit den Augen eines Moslems zu sehen, damit sich diese in den von ihnen getroffenen gesellschaftspolitischen Entscheidungen auch wiedererkennen können. Wir sind weiter der Meinung, daß man uns das Recht zugestehen sollte, daß bei uns tangierenden gesellschaftlichen und religiösen Fragen nur solche Christen auftreten dürfen, zu denen wir Vertrauen haben und denen wir ein Mandat gegeben haben. Zumindestens sollten wir vor Anhörungen das Recht haben, die Qualifikation dieser Leute zu überprüfen, um sie gegebenenfalls ablehnen zu können. In keinem Fall dürfen sie sich jedoch ermächtigt sehen, in unserem Namen Entscheidungen zu fällen. Die augenblickliche Verfahrensweise in Bund und Ländern empfinden wir als Diskriminierung und Entmündigung.

6. Konkretisierung

Wir möchten, daß sich Christen und ihre Organisationen darauf besinnen, daß sie einen biblischen Auftrag haben: Den Fremden als Nachbarn und Bruder zu lieben. Daraus abgeleitet wünschen wir uns, daß sich Christen und ihre Organisationen gegenüber dem Staat und der Öffentlichkeit dafür einsetzen, daß

1. den Moslems zur Absicherung ihrer Existenz wie andere Minderheiten die Einbürgerung erleichtert wird und auch die Teilnahme am öffentlichen und politischen Leben auf allen Ebenen;
2. Die islamischen Gemeinschaften mit den Kirchen rechtlich gleichgestellt werden;
3. daß im Falle ausländischer religiöser Islamorganisationen die mit der Religionsausübung zusammenhängenden Bestimmungen aus dem Geltungsbereich des Ausländerrechts herausgenommen werden;
4. den islamischen Gemeinschaften Zugang zu den Medien mit genügender Zeit zur Selbstdarstellung eingeräumt wird;
5. in den Medien selbst eine faire Behandlung islamischer religiöser Belange zugesichert wird, wie das auch von den Kirchen beansprucht wird;
6. den Moslems eine qualifizierte religiöse Unterweisung ihrer Jugend auf der gleichen Basis wie den christlichen Gemeinschaften ermöglicht wird, als ordentliches Lehrfach. Islamischer Religionsunterricht muß denselben Raum in den öffentlichen Schulen erhalten, wie der christliche Religionsunterricht.
   In Ländern, wo statt dessen vergleichende Religionskunde zum Verständnis des religiös-kulturellen Erbes erteilt wird, ist der Islam voll zu berücksichtigen;
7. daß eine Revision der in den deutschen Schulen benutzten Medien zum Thema Islam stattfindet (Schulbuchrevision);
8. in der Berufsausbildung den ausländischen Jugendlichen islamischen Glaubens Chancengleichheit zugesichert wird;
9. wir erwarten schließlich, daß man uns im religiösen Bereich nicht vordergründig als Türke, Araber, Deutscher sieht, sondern vor allem unsere religiöse Identität achtet und respektiert.
   Heute ist es so, daß man zwar den Türken helfen möchte, nicht dem Moslem.

7. Die Kirchen sollten ihr Verhältnis zum Islam umgestalten

Wir gehen davon aus, daß das Verhältnis der Kirchen zu den islamischen Gemeinschaften neugestaltet werden muß:

1. indem die Kirchen die Tatsache begreifen und ernst nehmen, daß christliche und islamische Gemeinschaften in der gleichen Welt leben und je ihren Glauben zu bewahren haben. Das schließt ein, daß beide Gemeinschaften im vollen Respekt voreinander das Zeugnis ihres Glaubens einander nicht schuldig bleiben. In diesem Zusammenhang glauben die Moslems erwarten zu dürfen, daß die christlichen Gemeinschaften ihr hergebrachtes Missionsverständnis überprüfen, da dieses einer aufrichtigen Begegnung im Wege steht;

2. daß die Kirchen in ihrer Einheit und Vielfalt lernen, auf die Einheit und Vielfalt der moslemischen Stimmen zu hören. Dabei sollten sie besonders auf jene hören, die die Herausforderung des Säkularismus aufgegriffen haben und die zum gemeinsamen Handeln bereit sind.
   Es gibt genügend Bereiche, in denen Christen und Moslems auf der Grundlage gemeinsamer geistiger Werte und im Widerstand gegen entmenschlichende Tendenzen in der säkularen Gesellschaft zusammengehen können;

3. indem die Christen lernen, daß der Islam von ihnen solange nicht verstanden wird, wie sie ihn in ihre chritlichen Denkschablonen pressen.

These 3

Begegnung und Dialog können nur zwischen gleichberechtigten und gleichgestellten Partnern entstehen. Daher müßten die Christen zuallererst die Moslems als Partner akzeptieren und nicht zu Objekten christlicher Nächstenliebe oder Liebestätigkeit degradieren wollen.
Mit anderen Worten: Das Stadium des Dialogs in der Begegnung von Christen und Moslems ist noch nicht erreicht. Wir stehen allenfalls an der Schwelle zum Dialog, daran mag auch die Tatsache nichts zu ändern, daß es im Bereich der privaten Begegnung schon zu echten Freundschaften und zum Bruder-Du-Verhältnis zwischen Christen und Moslems gekommen ist.

8. Zusammenfassung

Zusammenfassend bleibt festzuhalten:

1. Nicht der Islam steht einer wohlverstandenen Integration von Moslems in die deutsche Gesellschaft entgegen, sondern die mangelnde Kenntnis über die Möglichkeiten und Stützen, die der Islam seinen Anhängern bei einer Integration in eine für ihn atypische Umwelt bietet;

2. einer wohlverstandenen Integration steht allerdings auch die gegenwärtige Ausländergesetzgebung entgegen, obwohl über kurz oder lang Entscheidungen ins Haus stehen werden;

3. erschwert wird ein möglicher Integrationsprozeß gegenwärtig aber auch von dem, was gemeinhin mit Ausländerfeindlichkeit bezeichnet wird, ein gängiger Begriff, hinter dem sich in Wirklichkeit recht massive — oft rational kaum erklärbare Schwellenängste verbergen:

   - Schwellenängste in der deutschen Mehrheitsbevölkerung, daß sie in die Minderheit geraten und damit in eine Randposition abgedrängt werden könnte;
   - Schwellenängste bei den Moslems, sie könnten durch eine mögliche Integration ihre religiös-kulturelle Identität verlieren und »germanisiert« werden.

4. Angeheizt werden diese Schwellenängste grob gesehen durch fünf bestimmende Faktoren:

   - durch das Informationsdefizit in der deutschen Bevölkerung über die eigentlichen Inhalte und Ziele des Islam;
   - durch die mangelnde Kenntnis der Moslems über die Strukturen des Christentums und der säkularen deutschen Gesellschaft und ihrer vom Christentum geprägten Kultur;
   - durch die extremistischen Voten von Minderheitengruppen in der deutschen Gesellschaft;
   - durch die Gegenreaktionen türkischer Extremisten und deren feindselige Einstellung zur deutschen Gesellschaft;
   - durch die Lage auf dem Arbeitsmarkt, die zu einem harten Konkurrenzdenken bei deutschen und ausländischen Arbeitnehmern geführt hat.

Vor diesem Hintergrund ist es fatal, daß immer wieder übersehen wird, daß die übergroße Mehrheit der ausländischen Arbeitnehmer mit der deutschen Bevölkerung in Frieden leben möchte und allen politischen Aktivitäten von Randgruppen ablehnend gegenübersteht.

Fatal auch, daß uns allen im Laufe der Zeit eine differenzierte Betrachtungsweise abhanden gekommen zu sein scheint.

Die Türken stehen vor dem Dilemma, daß ihre Heimat, an der sie so sehr hängen, keine organisierte oder Massenrückwanderung wünscht und von der Bundesrepublik eine Integration fordert; daß man sie in ihrem Herkunftsland längst als »Deutschländer« apostrophiert. Auf der anderen Seite sind sie jedoch der Tatsache ausgesetzt, daß sie auch hier bei uns nicht gerne gesehen werden. Dieses Spannungsfeld macht es ihnen sehr schwer, wenn nicht gar unmöglich, sich an Deutschland als neue Heimat, zumindestens für ihre hier geborenen Kinder, zu gewöhnen — und das sind immerhin inzwischen weit über 50 Prozent. Der einzige Ausweg scheint zu sein:

- daß wir die gegenseitigen und gegenwärtigen Informationsdefizite abbauen helfen;
- daß wir mehr Offenheit füreinander entwickeln;
- daß wir die bisher alles beherrschenden Schwellenängste abbauen helfen: in der Nachbarschaft, am Arbeitsplatz, in der Kommune, in unserer Gesellschaft;
- daß wir die gesetzlichen Voraussetzungen durch Aufklärung schaffen helfen;
- daß wir differenzierter übereinander nachzudenken uns bemühen,
- daß wir den Schwächeren den Weg bereiten;
- daß wir weniger übereinander, aber um so mehr miteinander reden und handeln.

III. Kapitel
Die islamischen Organisationen in der Bundesrepublik

1. Extrem niedriger Organisationsgrad

In der Bundesrepublik Deutschland leben gegenwärtig rund 1,7 Millionen Personen, die entweder als Moslems geboren wurden oder zum Islam konvertiert sind (etwas mehr als 2 Prozent der Wohnbevölkerung). Davon sind etwa 1,4 Millionen Türken, von denen sich nach jüngsten Umfragen 960 000 als »gläubige Moslems« bezeichnen. Also 68 Prozent. Zur islamischen »Kerngemeinde« zählen ca. 630 000 Personen (45 Prozent), wobei als Kriterium der regelmäßige Besuch der Freitagsgebete und die Einhaltung des Ramadanfastens angewendet worden ist. Diese Zahlen machen deutlich, daß der Islam in der Bundesrepublik die »aktivste« Religion ist. Immerhin besuchen sonntags nur 1,4 Millionen evangelische Christen (5 Prozent) die Gottesdienste ihrer Kirche bei einer Kirchenmitgliedszahl von 29 Millionen. Bei den Katholiken sind es 6 Millionen Gottesdienstbesucher (22 Prozent) bei 28 Millionen Kirchenmitgliedern.

Die Zahl der Mitglieder der in das Vereinsregister deutscher Gerichte eingetragenen rund 1200 islamischen Vereine (registrierte Gemeinden) liegt mit etwa 170 000 (12,2 Prozent) allerdings extrem niedrig. Dabei muß angemerkt werden, daß aus dem Bereich der »Türkisch-Islamischen Union der Anstalt für Religion« (DITIB) keine genaue Zahlen zu erhalten waren. Die DITIB konnte daher in der Statistik nicht berücksichtigt werden.

Der niedrige Organisationsgrad ist vornehmlich darauf zurückzuführen, daß der Islam keine organisierte oder kirchenähnliche Religionsgemeinschaft ist und daß ihm folglich Begriffe wie »eingetragener Verein« oder »Vereinsmitgliedschaft« fremd sind. Das gilt übrigens auch für den Begriff »Gemeinde« und für alle diesem Begriff impliziten Rechte und Pflichten. Die Moslems sehen in ihren religiösen Verpflichtungen einen Akt der Freiwilligkeit, den sie um »Gottes willen« zu erfüllen versuchen. Im übrigen sind die islamischen Vereinigungen in der Bundesrepublik mit dieser Einstellung der Gläubigen bisher gut gefahren.

2. Die islamischen Organisationen

2.1 *Avrupa Milli-Görüs Teskilatlari e.V. — Islamische Vereinigung der neuen Weltsicht in Europa (AMGT)*
5000 Köln 60, Postfach 600403, Merheimerstraße 229
Tel. (02 21) 72 25 36/72 83 60; Telefax 7 393 700

Die AMGT ist die größte staatsunabhängige islamische Gemeinschaft in der Bundesrepublik Deutschland und in Westeuropa. Wenngleich, mit Ausnahme von Nordrhein-Westfalen, immer noch in den Verfassungsschutzberichten des Bundes und der Länder als »islamisch-extremistisch« verdächtigt, ist sie nach Auffassung von Fachleuten auch aus der linken türkischen Szene in der Frage der Integration von Moslems in die deutsche Gesellschaft am weitesten fortgeschritten. Sie plädiert für einen Daueraufenthalt von Moslems in Deutschland und deren Einbürgerung.

Im Rahmen dieser Bemühungen legt die AMGT Wert auf den Terminus »wohlverstandene Integration«, d. h. sie sieht in diesem Prozeß keine Anpassung, sondern eine Annäherung der Minderheit an die Mehrheit und der Bevölkerungsmehrheit an die Minderheit bei gleichzeitiger Beibehaltung des je eigenen religiösen Bekenntnisses, der je eigenen Kultur und Lebensformen.

Ihre Aufgabe sieht die Vereinigung in der sozialen und kulturellen Betreuung der in Deutschland lebenden Moslems und in der Förderung von Maßnahmen zur Erhaltung der islamischen Identität bei moslemischen Kindern, Jugendlichen und Erwachsenen. Die AMGT tritt für den Dialog mit Andersläubigen ein. Sie betreibt den Bau und die Erweiterung von islamischen Zentren, Moscheen, Schulen und anderen Institutionen. Sie fördert die religiöse Unterweisung moslemischer Jugendlicher und Erwachsener und tritt unter Wahrung des Rechts auf Glaubens- und Bekenntnisfreiheit auch der Andersläubigen für die Verkündigung und Ausbreitung des Islam in der europäischen Gemeinschaft ein. Darüber hinaus wendet die AMGT erhebliche Mittel für den Schutz von religiösen Minderheiten auf und tritt in diesem Rahmen auch für die Rechte christlicher Minderheiten in den moslemischen Ländern ein.

Die Vereinigung unterhält ein eigenes Institut zur Erforschung von Wirtschafts- und Sozialordnungen, das eng mit dem Zentralinstitut Islam-Archiv-Deutschland in Soest zusammenarbeitet. Das Institut zur Erforschung von Wirtschafts- und Sozialordnungen veranstaltet regelmäßig international beachtete wissenschaftliche Symposien, während die Vereinigung selbst jährlich einen Kongreß der europäischen Moslems und einen Jugendkongreß durchführt und eine Internationale Islamische Buchausstellung.

Die AMGT ist in elf Landesverbände mit 250 Gemeinden gegliedert. Die Zahl der Mitglieder wird mit 110000 angegeben. Die AMGT spiegelt wie keine andere moslemische Gemeinschaft in Deutschland das gesamte Spektrum des Islam. Es reicht von konservativ bis liberal, von Weltoffenheit bis zu Formen weltabgewandter Mystik.

Ihr Verhältnis zur deutschen Gesellschaft spiegelt sich in der nachfolgenden Erklärung aus dem Jahre 1990:

»Die AMGT versteht sich als Dachorganisation von im Ausland lebenden Moslems überwiegend türkischer Herkunft. Sie beschäftigt sich mit der Betreuung der Moslems auf religiösen, kulturellen und sozialen Gebieten. Bei der Durchführung dieser Aufgaben fühlt sich die AMGT an die Gesetzgebung der einzelnen Länder gebunden, in denen die Verbandsaktivitäten stattfinden. Gleichzeitig ist die AMGT als islamische Organisation an die Regeln und Verhaltensweisen der islamischen Religion gebunden, wobei dies in einer freiheitlichen Gesellschaftsordnung keinen Widerspruch darstellt.

Die AMGT ist sehr daran interessiert, daß in der Gesellschaft ein breites Spektrum an Meinungsvielfalt existiert. Gesellschaftliche Spannungen wegen Kultur- und Weltanschauungsunterschiede müssen durch eine gemeinsame Erziehung zur Toleranz abgebaut werden.

Jegliche Gewaltanwendung und Terror zur Durchführung von politischen und anderweitigen Zielen wird von der AMGT unmißverständlich und deutlich verurteilt.

Auch in der Vergangenheit hat die AMGT sich klar und deutlich von der Gewaltanwendung als politischem Instrument distanziert. Zur Verwirklichung von Zielen und zur Durchführung von Programmen sind die Möglichkeiten der Verfassung der Bundesrepublik unter Beachtung von Chancengleichheit ausreichend.«

Die AMGT ist eine autonome unabhängige Organisation. Sie steht zwar der türkischen Rifah-Partei nahe, ist aber nicht − wie in der einschlägigen Literatur oft behauptet − ein Ableger dieser Partei. Die AMGT bietet ein weites Meinungsspektrum und ist auf diese Weise längst zur Heimat auch politisch Andersdenkender geworden.

2.2 Die Islamische Gemeinschaft Jamàat un-Nur e.V.
5000 Köln 80, Neustraße 11
Tel. (02 21) 61 72 77; Telefax 73 38 04

Die Jama'at un-Nur (Gemeinschaft des Lichts — Nurdschuluk-Bewegung) versteht sich als religiöse Reformbewegung, die sich unter anderem zum Ziel gesetzt hat, die moderne Technologie und Wissenschaft mit dem Islam zu versöhnen. Sie fordert und betreibt eine Neuinterpretation des Korans im Lichte unseres Jahrhunderts. Neben Koran und Sunna steht im Mittelpunkt des geistigen Lebens der Gemeinschaft das von ihrem Stifter, Bediüzzaman Said Nursi (gest. 1960), verfaßte »Risale-i-Nur« (Abhandlungen des Lichts). Die Gemeinschaft geht davon aus, daß es sich dabei um ein logisches und wissenschaftlich fundiertes Konzept für die Bewältigung der Gegenwartsprobleme handelt, mit denen sich die Moslems in verstärktem Maße konfrontiert sehen.

Die Bewegung verfolgt in der Diaspora vornehmlich zwei Anliegen: Einmal versucht sie durch eine umfangreiche Schriftenmission von ihrem Glauben abgefallene Moslems zurückzugewinnen und zum anderen möchte sie verhindern, daß die hier lebenden moslemischen Jugendlichen ihre religiöse Identität verlieren. Dabei wählte die Gemeinschaft schon recht früh einen gesellschaftsoffenen Weg, der sich nicht vor einer Begegnung mit Andersgläubigen scheut. Sie tritt für die christlich-islamische Begegnung ein und für eine offene Jugendarbeit in Kooperation mit der katholischen Pfadfinderschaft St. Georg. Eigentlich wäre die Jama'at un-Nur der »geborene« Partner für das Gespräch mit den Kirchen, wobei anzumerken bleibt, daß die Kirchen — aus welchen Gründen auch immer — bei ihren Bemühungen, mit dem Islam ins Gespräch zu kommen, engeren Kontakten mit dieser Bewegung ausweichen.

In einer Verlautbarung der Führungsgremien der Jama'at un-Nur heißt es:

»Unsere Arbeit ist um so wichtiger, als man davon ausgehen muß, daß die Anwesenheit des Islam in Deutschland keine vorübergehende Erscheinung ist.« Daher plädiert die Bewegung auch für eine Annahme der Geschichte des Islam in Deutschland als Teil der eigenen Geschichte.

Die Gemeinschaft lehnt jede Form von Proselytenmacherei ab und kann sich auch nicht mit einem Missionsverständnis anfreunden, wie es von einigen christlichen Gruppierungen praktiziert wird. »Gleichwohl sind wir entschlossen, den Islam im Westen auszubreiten. Jeder von uns ist geradezu verpflichtet, möglichen Interessenten den Zugang zum Koran, zum Islam, einzuräumen«. Die Bewegung unterhält derzeit im Bundesgebiet 30 Lehrhäuser (Medresen) und organisiert etwa 6000 Mitglieder.

Die Gemeinschaft ist dem liberal-konservativen Flügel des Islam zuzurechnen. Was ihre sozialen und gesellschaftspolitischen Ziele angeht, ist sie jedoch eher der deutschen Sozialdemokratie und den freien Gewerkschaften in Westeuropa verwandt.

2.3 Union der Türkisch-Islamischen Kulturvereine in Europa e.V.
6000 Frankfurt/Main 1, Münchenerstraße 51
Tel. (069) 23 05 90/23 05 99; Telefax: 23 16 75

Die Union der Türkisch-Islamischen Kulturvereine ist eine der jüngsten moslemischen Gemeindegründungen in Deutschland. Sie ging 1987 aus der »Europäischen Föderation der Türkischen Demokratischen Idealistenvereine« hervor, die unter der Bezeichnung »Graue Wölfe« zum Symbol des türkischen Faschismus in der Bundesrepublik geworden sind. Die Union hat sich von der Ideologie ihrer Mutterorganisation zwar öffentlich distanziert, gleichwohl wird sie immer noch verdächtigt, ein »strategischer Ableger der Grauen Wölfe« zu sein. Da nützt es auch nicht, wenn sie betont, daß sie keine parteipolitischen Interessen verfolge und darum bemüht sei »ihre Unabhängigkeit gegenüber den politischen Parteien jederzeit zu wahren«.

Will man einer Selbstdarstellung vom 15. August 1992 folgen, so ist die »Förderung der Völkerverständigung« das erste Ziel der Union der Türkisch-Islamischen Kulturvereine. Sie setzt sich demnach für »Toleranz und Freundschaft ein, um ein gemeinsames Leben zwischen den Gemeinschaften ohne Isolation und Diskriminierung zu ermöglichen und für eine Gesellschaft, in der Menschen unterschiedlicher Kulturen friedlich und gleichberechtigt ohne Berührungsängste miteinander leben können«.

In der Selbstdarstellung hat die Union auch ihr Verhältnis zum deutschen Staat, zum Grundgesetz, zum säkularen Gesellschaftssystem und zur parlamentarischen Demokratie formuliert. Es heißt dort:

»Die Union bekennt sich zur freiheitlich demokratischen Grundordnung, sie setzt sich für die Sicherung der Menschenrechte ein und für eine weitere Demokratisierung in Wirtschaft, Staat und Gesellschaft«.

Um diese Aussagen zu unterstreichen, ist die Union der Türkisch-Islamischen Kulturvereine im Jahre 1991 dem lieberalorientierten und gesellschaftsoffenen Islamrat für die Bundesrepublik Deutschland beigetreten, ohne in diesem »Bewährungsfeld« allerdings sonderlich aktiv zu sein. Von daher bleibt abzuwarten, ob die Organisation ihre Zielvorstellungen im gesellschaftlichen Leben hinreichend zu verwirklichen vermag.

Schwerpunkte der religiösen, kulturellen und sozialen Bemühungen der Union sind die Arbeit mit türkischen Studenten und Jugendlichen. Sie bietet in diesem Rahmen Fachseminare an, um den Studierenden Einblicke in die modernen Entwicklungen der Technik und anderer wissenschaftlicher Disziplinen, in Industrie und Wirtschaft zu vermitteln. Darüber hinaus berät die Union türkische Arbeitnehmer in Arbeits-, Renten- und Weiterbildungsfragen. Sie veranstaltet »Islamische Wochen« und beteiligt sich regelmäßig an der alljährlich stattfindenden »Woche des ausländischen Mitbürgers«.

Die Union der Türkisch-Islamischen Kulturvereine ist ein Dachverband von 122 Vereinen mit insgesamt 11 000 Mitgliedern.

2.4 Islamisches Zentrum Aachen e.V./Bilal-Moschee
5100 Aachen, Professor-Pirlet-Straße 20
Tel. (02 41) 82 00 33-34; Telefax: 8 20 35

Das 1964 gegründete Islamische Zentrum Aachen (Bilal-Moschee) versteht sich als unabhängige religiös-kulturelle Institution bei gleichzeitiger ordentlicher Mitgliedschaft in der saudi-arabischen Islamischen Welt-Liga und bei den islamischen Rechtsprechungsräten in Amman und Mekka. Das Zentrum arbeitet mit in der Weltgesundheitsorganisation der Vereinten Nationen in Kairo und in der Internationalen Konferenz zum Schutz vor Drogenmißbrauch in Islamabad.

Das Islamische Zentrum Aachen hat sich zum Ziel gesetzt, die in Deutschland lebenden Moslems mit ihrer Religion so vertraut zu machen, daß sie in der Lage sind, »den Islam gegenwartsbezogen zu praktizieren«.

Gleichzeitig möchte das Zentrum durch vertrauensbildende Maßnahmen zu einem »nützlichen Austausch von Ideen und zu einer fruchtbaren Zusammenarbeit der unterschiedlichen Bevölkerungs-gruppen beitragen«.

Eine weitere wichtige Aufgabe sieht das Zentrum in der Beratung und Betreuung ausländischer Studenten sowie in der religiösen Unterweisung von moslemischen Kindern in ihrer jeweiligen Mutter-sprache.

Im Gegensatz zu den Gründerjahren ist die Bilal-Moschee in jüngster Zeit auch als verläßlicher Partner in der Begegnung mit Andersgläubigen hervorgetreten. Dabei steht eine sachgerechte Auf-klärung über den Islam und der Abbau von Vorurteilen gegenüber den Moslems im Vordergrund ihrer Bemühungen. Diese Arbeit wird unterstützt durch Seminare, Tage der Offenen Tür und durch eine gut sortierte Bibliothek.

In einer Stellungnahme heißt es:

»Dem Islamischen Zentrum Aachen ist sehr daran gelegen, daß ein konstruktives und friedfertiges Klima geschaffen wird, damit alle Unstimmigkeiten und Meinungsunterschiede auf kooperativem Wege beigelegt werden können. Wir verlangen keine Unmöglichkeiten, sondern lediglich die Bereitschaft zur Konstruktivität und Toleranz. Unsere Vorhaben sind nicht nur lebenswichtig für die hier lebenden Moslems, sondern auch für den multikulturellen Austausch aller Religionen und Weltanschauungen. Wir hoffen und rechnen fest damit, daß unsere bisher geleistete Arbeit in diesem Lichte gesehen und gewürdigt wird, damit wir den Prinzipien der Unabhängigkeit, Konstruktivität und Mäßigung auch weiterhin treu bleiben können.«

Das Islamische Zentrum Aachen möchte darüber hinaus durch eigene Stellungnahmen »aktiv zur politischen Meinungsbildung in der Gesellschaft beitragen«. Dieser Beitrag soll »ganz im Sinne des wahren Islam« geleistet werden.

In einem Dokument heißt es, daß in der Vergangenheit »mehr als einmal« Regime versucht hätten, »uns zu politischen nur ihren Zwecken dienlichen Stellungnahmen zu bewegen«. Das Islamische Zentrum habe aber stets seine politische Meinung an der »wahren islamischen Lehre ausgerichtet«, ohne selbst ein Instrument der Politik zu werden oder sich für die politischen Interessen irgendeiner Seite mißbrauchen zu lassen. »Manche Stellen konnten sich mit dieser Tatsache nicht anfreunden. Sie versuchten ihrem Ansinnen durch Repressalien, Verfolgungen und Verleumdungen Nachdruck zu verleihen.« Das Zentrum habe diese Krisen jedoch bislang erfolgreich bewältigt.

Das Islamische Zentrum Aachen (Bilal-Moschee) hat etwa 150 eingetragene Mitglieder.

2.5 Islamischer Weltkongreß Deutschland e. V.
4770 Soest, Postfrach 1528, Am Kuhfuß 8 (Deiringsen),
Tel. (0 29 21) 6 07 02; Telefax: 6 54 17

Der Islamische Weltkongreß Deutschland ist Rechtsnachfolger des am 31. Oktober 1932 gegründeten und am 31. Mai 1933 in das Vereinsregister beim Amtsgericht Berlin-Lichterfelde eingetragenen Vereins Islamischer Weltkongreß/Zweigstelle Berlin e. V., der damaligen Spitzenorganisation für alle im Deutschen Reich lebenden Anhänger der islamischen Glaubensgemeinschaft.

Damit bekennt sich der Islamische Weltkongreß Deutschland zur Geschichte, den Traditionen und dem Brauchtum der 1731 durch königliches Dekret zu Potsdam erfolgten ersten islamischen Gemeindegründung auf deutschem Boden, als deren Erbe und Wahrer sich der Kongreß betrachtet.

Der Kongreß fühlt sich der Geschichte des Islam in Deutschland verpflichtet und betrachtet sich als Brücke zwischen Deutschland und der islamischen Welt.

Der Islamische Weltkongreß Deutschland ist eine autonome islamische Religionsgemeinschaft in der Bundesrepublik im Sinne der Gesetzgebung des Bürgerlichen Gesetzbuches (BGB). Er fühlt sich der Friedenspolitik der internationalen Organisation Islamischer Weltkongreß mit Sitz in Karachi verbunden. Der Kongreß bekennt sich zur freiheitlich-demokratischen Grundordnung der Bundesrepublik Deutschland und zu den Ordnungsvorstellungen wie sie in den Länderverfassungen festgeschrieben sind. Er versteht sich als islamische Gemeinschaft in einem säkularen und pluralistisch strukturierten Staatswesen. Die Satzung vom 31. Mai 1933 verpflichtet den Kongreß

- für die Einheit des Islam in Deutschland einzutreten und die Zusammenarbeit und Solidarität unter den Moslems zu fördern;
- die islamischen Interessen in der deutschen Öffentlichkeit zu wahren;
- für den Schutz der islamischen Heiligtümer und Kultstätten einzutreten;

- die Öffentlichkeit über die kulturellen Gepflogenheiten und Lehren des Islam aufzuklären;
- unberechtigte Angriffe gegen den Islam abzuwehren und
- die islamischen Wissenschaften zu pflegen (s. Protokoll Nr. 13, vom 27. März 1933).

Aufgabe des Kongresses ist es weiterhin, für integrationswillige ausländische Moslems eine zukunftsorientierte organisatorische Infrastruktur zu schaffen.

Der Kongreß strebt die Zuerkennung der öffentlichen Körperschaftsrechte für den Islam in Deutschland an und seine Gleichstellung mit den beiden christlichen Großkirchen und der griechisch-orthodoxen Kirche. Er tritt für die Einführung eines islamischen Religionsunterrichtes als ordentliches Lehrfach an den öffentlichen Schulen und als akademisches Fach zur Ausbildung von Theologen und islamischen Religionslehrern in Deutschland ein und verpflichtet sich, dabei sowohl den Interessen der Betroffenen als auch der Schulgesetzgebung der Bundesländer Rechnung zu tragen.

Der Islamische Weltkongreß Deutschland ist für einen gleichberechtigten Dialog mit allen gesellschaftlichen Gruppierungen des Staates und tritt in diesem Rahmen auch für eine partnerschaftliche Begegnung mit Christen ein.

Der Islamische Weltkongreß Deutschland hat 100 eingetragene deutsche Mitglieder.

2.6 Die Geistliche Verwaltung der Muslimflüchtlinge in der Bundesrepublik Deutschland e. V., 8000 München 2, Landwehrstraße 46, Tel. (089) 5 30 95 76 und 8500 Nürnberg, Glogauerstraße 11, Tel. (09 11) 80 74 70

Die Geistliche Verwaltung betreut jene Anhänger des Islam, die mit ihren Familien nach 1945 gewissermaßen als »Strandgut des Krieges« vornehmlich in Süddeutschland hängengeblieben sind. Es handelt sich um Angehörige nationaler moslemischer Minderheitengruppen aus der damaligen Sowjetunion und den Ländern des kommunistischen Blocks und deren Nachkommen: Aserbeidschaner, Baschkiren, Krim- und Wolgatataren, Nordkaukasier, Usbeken, Turkestaner, Flüchtlinge aus dem ehemaligen Jugoslawen, vor allem Bosnier und Albaner. Die Männer unter ihnen hatten größtenteils während des Zweiten Weltkrieges in der deutschen Wehrmacht gedient und waren von der Auslieferung an die Sowjetarmee verschont geblieben.

Zwar ist der größte Teil dieser Flüchtlinge später von Deutschland, Österreich und Italien nach den USA, Kanada, Australien und Neuseeland ausgewandert, aber rund 6000 von ihnen sind vor allem im bayrisch-fränkischen Raum, in Baden-Württemberg, Hessen und in Niedersachsen seßhaft geworden. Die Arbeit der Gemeinschaft wird von der Bundesregierung und vom Freistaat Bayern unterstützt. Sie umfaßt heute mehr als 20 000 Mitglieder. Die ehemaligen Moslemflüchtlinge sind inzwischen voll in die deutsche Gesellschaft integriert und nehmen auch im öffentlichen Leben der Bundesrepublik geachtete Positionen ein. Ein Großteil von ihnen ist heute im Besitz der deutschen Staatsbürgerschaft — bei steigender Tendenz.

Wegen dieser gesellschaftsoffenen Haltung ist es schon sehr früh zu heftigen Reaktionen vor allem seitens neo-konservativer islamischer Kreise gekommen. Obwohl die Geistliche Verwaltung immer wieder deutlich zu machen suchte, daß ihre Integrationsbemühungen nicht mit Assimilation verwechselt werden dürften, stellte eine in London erscheinende einflußreiche islamische Zeitschrift noch in den sechziger Jahren den »Abfall der Moslemflüchtlinge in Deutschland vom Glauben« als warnendes Beispiel für die Diaspora dar. Man sprach und schrieb in diesem Zusammenhang vom »Verrat am Islam«. Von solchen und ähnlichen Angriffen ist heute öffentlich nichts mehr zu hören. Dennoch wirkt die Kampagne von einst vor allem unter den Neu-Moslems der siebziger Jahre fort, bei denen es sich weitgehend um Aussteiger aus der deutschen Gesellschaft handelt.

2.7 Die Islamische Föderation Berlin e. V. (IFB)
  1000 Berlin 61, Bopp-Straße 4,
  Tel. (030) 6 92 38 72; Telefax: 6 92 38 72

Die Islamische Föderation Berlin ist ein Zusammenschluß von 16 Moscheevereinen und anderen islamischen Gruppierungen mit dem Ziel, den in der deutschen Bundeshauptstadt lebenden Moslems — »die den Koran und die Sunna des Propheten Muhammad anerkennen« — die Zukunft zu sichern und ihnen ein geordnetes religiöses Leben in der säkularen Umwelt zu garantieren. Dazu gehört nach Auffassung der Föderation auch die Gleichstellung des Islam mit den anderen Religionsgemeinschaften. Die Föderation möchte daher Ansprechpartner für die Berliner Politiker sein. Sie wehrt sich aber gegen deren Forderung, der Islam müsse vor einer Anerkennung als öffentlich rechtliche Religionsgemeinschaft Strukturen schaffen, wie sie im Verlauf der Jahrhunderte von Kirchen entwickelt worden seien. In einem Positionspapier wirft die Föderation den Berlinern Politikern vor, daß sie es nicht verstanden hätten, mit einer »freien Religion, wie der Islam es ist, gleichberechtigt umzugehen«.

Die Föderation hat ab dem Jahre 1986 versucht, eine weitere Isolation des Islam in Berlin zu vermeiden. Daher sieht die Satzung auch die Schaffung guter Beziehungen zu Andersdenkenden vor, um »ein friedliches Zusammenleben aller Menschen in unserer Zeit und für die Zukunft« zu ermöglichen. Aus diesem Grunde arbeitet die Föderation sowohl in der »Arbeitsgemeinschaft der Kirchen und Religionsgemeinschaften in Berlin« als auch in der »Ständigen Konferenz der Juden, Christen und Moslems« mit.

Auch in der Islamischen Föderation Berlin überwiegt die osmanisch-türkische Variante des Islam, die zudem, stärker als an anderen Orten in der Bundesrepublik, betont national eingefärbt ist. Dennoch versteht sich der Dachverband als »eigenständige und unabhängige Organisation von Moslems aller Nationalitäten«.

Nach eigenen Angaben beläuft sich die Zahl der in Berlin durch die Islamische Föderation »und ihren Vollmitgliedern und den fördernden Mitgliedern betreuten Männer, Frauen und Kinder auf ca. 50 000 Moslems«.

Die Föderation betreibt eine »islamische private öffentliche Grundschule«, die 1992 die 4. Klasse einrichten konnte. Zur Zeit wird ein altes Fabrikgebäude in eine moderne Schule umgestaltet.

2.8 Der Verband der Islamischen Kulturzentren e. V. (VIKZ)
    5000 Köln 30, Vogelsangerstraße 290,
    Tel. (02 21) 54 20 98/99; Telefax: 54 26 16

Bei dem Verband der Islamischen Kulturzentren (Süleymancilar-Bewegung) handelt es sich um die wohl umstrittenste türkisch-islamische Vereinigung in der Bundesrepublik Deutschland. Für den einen Beobachter ist sie der Inbegriff der Verschlagenheit, für den anderen die »liebenswürdigste Erscheinung« unter den islamischen Vereinen.

Um dieses schillernde Bild aufzuhellen, bedarf es des Hinweises, daß es sich bei der Süleymancilar-Bewegung um einen Orden handelt, mit einem inneren Kreis der Eingeweihten und einem nach außen darstellbaren Gemeindeleben, das den Kern der Lehre abschirmt.

Kein Wunder also, wenn diese Doppelgleisigkeit auch in einschlägigen Veröffentlichungen ihren Niederschlag findet. So heißt es beispielsweise in einem Untersuchungsbericht der Obersten Türkischen Religionsbehörde in Ankara, daß die Lehre der Süleymancilar in der Behauptung gipfele, Gott werde »nur 300 000 Menschen aus dem Volk der Türken« erretten, wobei damit die Süleymancilar gemeint seien. Einem anderen Zitat zufolge befinden sich die Anhänger des Verbandes der Islamischen Kulturzentren in der Diaspora in einem ständigen »Kampf gegen die Ungläubigen«, in dem den Gläubigen »alles erlaubt« sei, auch Lüge und Verleumdung. Andere Religionen werden demnach in Verlautbarungen der Süleymancilar als »falsche Religionen« bezeichnet und deren Anhänger folgerichtig als »Ungläubige«. Wer mit ihnen Freundschaft schließe, begehe nicht nur eine Sünde, »er fällt auch von seinem Glauben ab und hat keine Beziehungen mehr zu seinem Gott«. Die Deutschen werden einer anderen Aussage zufolge als »äußerlich und innerlich unreine Menschen« abgetan usw.

Auf der anderen Seite bietet der Verband der Islamischen Kulturzentren eine Selbstdarstellung an, aus der ein überaus friedfertiger Geist spricht, wenn es heißt:

»Wir sind türkische Moslems. Weil die islamische Religion zwischen Rassen und Hautfarben keinen Unterschied macht, gibt es unter uns Moslems aus verschiedenen Nationen, besonders eine große Anzahl von Deutschen. Unsere Religion ist der Islam. Man nennt uns Muslime: Wir beten in Richtung der Ka'ba. Unser Prophet ist Mohammad (S.A.V.). Wir beschreiten den von ihm vorgeschriebenen Weg, nämlich den der sunnitischen Glaubensrichtung. Mit all unseren Handlungen und unserem Glauben sind wir Angehörige der sunnitischen Glaubensrichtung. Was allein die Handlungen betrifft, so gehört die größte Mehrheit unter uns der ›Hanafitischen‹ Glaubensrichtung an. Vom Glauben her gesehen sind wir ›Maturidisten‹. Unsere innere und mystische Eigenschaft ist das Bewundern vom ›Nakschibenditum‹. Als idealistische Muslime bemühen wir uns, unsere religiöse Identität zu bewahren und unsere Kinder in religiösen Angelegenheiten zu unterweisen. Wir sind dagegen, daß die Religions- und Glaubensunterschiede unter den Menschen zu Auseinandersetzungen und zum Kampf führen. Wir möchten jedoch zu Muslimen aller Glaubensrichtungen und mit unterschiedlichen religiösen Eigenschaften, zu Christen und Juden und zu Ungläubigen, die nicht religionsfeindlich sind, durch bewährte Methoden im Rahmen der üblichen sozialen Umgangsformen Kontakte knüpfen und mit denen in ständiger Beziehung bleiben. Denn das ist der von unserer Religion und in unserem heiligen Buch vorgeschriebene Weg. Es könnten Angriffe von Leuten kommen, die sich als Muslime ausweisen, oder von Gruppierungen, die den Islam als ihr Monopol betrachten wollen sowie Andersdenkende nicht als Muslime anerkennen, dabei selbst die Religion als ein Mittel zur Ausbeutung der Massen benutzen, und deren Lebensweise mit Vorschriften des Islams nicht zu vereinbaren ist. Es könnte aber auch von gedankenlosen Religionsmännern, die wegen persönlicher Vorteile an die Religion gebunden sind, unternommen werden.

Wir streben einzig und allein an, den im heiligen Buch vorgeschriebenen Pflichten nachzugehen. Wir betonen hier ausdrücklich, daß wir bei der Ausübung der religiösen Pflichten die Gesetzgebung in der Türkei sowie in den Gastgeberländern voll anerkennen und respektieren. Dabei erwarten wir von niemandem finanzielle Unterstützung. Wir haben im Auftrage der muslimisch-türkischen Arbeitnehmer bei den deutschen Behörden den Antrag gestellt, als Körperschaften öffentlichen Rechts anerkannt zu werden. Wir werden uns immer im Rahmen demokratischer Prinzipien betätigen. Unser hohes Ziel wird daher nie in der Politik enden. Aus diesem Grunde werden wir unser Recht nie, wie es manche Gruppierungen tun, auf den Straßen in einer ungehörigen Weise zu erstreiten suchen. Unsere Dienste werden aber denjenigen, die es wirklich wünschen angeboten. Sonst werden wir auf niemanden Druck ausüben, damit er zum Islam übertritt oder im Koran liest.

Bei seinem Antrag auf die Verleihung der öffentlichen Körperschaftsrechte für das Bundesland Nordrhein-Westfalen, hat der Verband folgende Sätze zum Ausdruck gebracht: (17. 1. 1979)

… Die Gemeindeleitungen legen den Mitgliedern nichts in den Weg, wenn sie etwa die deutsche Staatsbürgerschaft erwerben wollen. Erklärtes Ziel ist die Integration der ausländischen Muslime in die deutsche Gesellschaft mit allen daraus resultierenden Rechten und Pflichten. Eine Gettoexistenz (Subkultur), Fanatismus und Extremismus lehnen wir ab und betonen, daß auch aus diesen Gründen die Verleihung der Körperschaftsrechte dringend geboten ist. Der Islam würde damit rechtlich mit den christlichen Kirchen und der jüdischen Kultusgemeinde gleichgestellt.

Der Verband der Islamischen Kulturzentren e. V. ist zu einer partnerschaftlichen Zusammenarbeit mit den staatlichen Instanzen bereit und fühlt sich der freiheitlich-demokratischen Ordnung in der BRD verpflichtet. Er sieht in seiner Verpflichtung gegenüber dem islamischen Gesetz auf der einen und der Loyalität gegenüber dem Staat und der ihn tragenden Gesellschaft auf der anderen Seite, keinen Widerspruch ...«

Dabei muß allerdings angemerkt werden, daß die Formulierung des Antrags nicht von der Bewegung selbst stammt. Es handelt sich vielmehr um eine vom Autor dieses Buches entworfene Standardformulierung, die seinerzeit auch anderen islamischen Verbänden zugänglich gemacht worden ist.

Die Selbstdarstellung wurde im übrigen auf dem 2. Bundestreffen des Verbandes der Islamischen Kulturzentren, am 26. Mai 1980, in Hagen (Westfalen) vorgestellt.

Der Verband der Islamischen Kulturzentren ist ursprünglich als Korankurs-Bewegung konzipiert worden. Dieser Konzeption zufolge ist jedes Mitglied verpflichtet, wo immer es möglich ist, moslemischen Kindern Koranunterricht zu erteilen. Diese Gepflogenheit ist von dem Verband in der Bundesrepublik geradezu kultiviert worden. Es ist von daher nicht verwunderlich, wenn der Verband zum Sprecher all jener Kräfte unter den türkischen Moslems wurde, die ihre Kinder und Jugendlichen am liebsten vom deutschen Erziehungssystem fernhalten möchten. Dabei dient dem Verband die Ablehnung der »Religiösen Unterweisung für Schüler islamischen Glaubens« an den öffentlichen Schulen in Nordrhein-Westfalen nur als Vorwand.

Der Verband der Islamischen Kulturzentren organisiert in der Bundesrepublik 250 Gemeinden mit etwa 8000 Mitgliedern. Im September 1986 veröffentlichte der Verband der Islamischen Kulturzentren eine Stellungnahme, in der er sich mit seinen Gegnern befaßt:

»Daß sich die islamischen Türken in der Bundesrepublik zu unserem Verband zusammengeschlossen haben, war der Aufmerksamkeit mancher politischer Parteien in der Türkei nicht entgangen. Diese Parteien wollten Menschen, die in der Bundesrepublik arbeiten, für sich gewinnen. Um dieses Ziel erreichen zu können, haben sie hier in Deutschland sogar Moscheen eröffnet. Man darf nicht übersehen, daß unser Verband nur im Namen Gottes tätig ist, während andere Einrichtungen, als Verlängerung der Parteien, hier ausschließlich politische Zwecke verfolgen. Das ist der entscheidende Unterschied, der uns von anderen Gruppen trennt.

Manche politische Gruppen in der Bundesrepublik wollten uns für ihre Politik als Werkzeug benutzen. Das war ihnen aber nicht gelungen. Die Islamischen Kulturzentren verstanden es, sich von diesen Gruppen zu distanzieren. Sie blieben und bleiben ihrem idealen Zweck, der Religion zu dienen, verpflichtet. Deshalb diese feindliche Einstellung anderer Einrichtungen unseren Islamischen Kulturzentren gegenüber.

Die ideologischen Gruppen, die es sich im allgemeinen zur Aufgabe machen, allen Religionen entgegenzutreten, darunter auch uns, haben die Möglichkeit, die öffentliche Meinung in Deutschland zu beeinflussen, da sie hier Unterstützung finden.

Außer diesen Gruppen nimmt auch das Präsidium für religiöse Angelegenheiten der säkularisierten Türkischen Republik, das seine Aufgaben im Sinne der laizistischen Grundsätze zu erfüllen hat, gegen uns eine feindliche Haltung ein.

Alle diese Gruppen, die uns feindlich gesinnt sind, stützen sich auf das Wort ›Süleyman' cilik‹ (d. h. Süleyman'ismus), dessen Bedeutung sie nicht einmal kennen. Wenn sie gefragt würden, was ›Süleyman' cilik‹ bedeuten soll, so würden sie keine richtige Antwort geben können.«

2.9 Islamisches Zentrum Hamburg e. V. (Imam-Ali-Moschee)
2000 Hamburg 76, Schöne Aussicht 36,
Tel. (040) 22 12 20/22 12 40; Telefax: 2 20 43 40

Das Islamische Zentrum Hamburg ist der geistig-religiöse Mittelpunkt der schiitischen Denkschule der Itna asariya (Zwölferschia oder Imamiya) in der Bundesrepublik. Allerdings stehen die Moschee und die übrigen Einrichtungen des Zentrums auch Moslems anderer Denkschulen und -richtungen offen.

Das Islamische Zentrum Hamburg tritt für die Schaffung einer »deutschsprachigen Identität« für die in der Bundesrepublik lebenden 1,6 Millionen ausländischen Moslems ein. Dazu hieß es im Juli 1992 in der Zeitschrift »Al-Fadschr«, die Moslems könnten ihre Spaltung nicht überwinden, solange sie in der Bundesrepublik nicht zu einer solchen deutschsprachigen Identität fänden und anstatt als »deutschsprachige Moslems hier zu leben, ihre unterschiedlichen (Herkunfts-)Identitäten beibehalten«.

Das Zentrum beteiligt sich neben der Verkündigung des Islam seit Mitte der achtziger Jahre auch am christlich-islamischen Dialog. Wenngleich die Imam-Ali-Moschee konsequent an der Politik der »Bewegung der islamischen Revolution« festhält, der auch ein ausgeprägtes antichristliches Element implizit ist, unterhält sie nach eigenen Angaben besonders enge Kontakte zu den Kirchen. Ihre Theologen gelten diesen weithin als »authentische Gewährsleute für islamische Fragen«.

Über die Mitgliederzahl des Islamischen Zentrums Hamburg liegen keine Angaben vor. In der Bundesrepublik leben rund 50 000 schiitische Moslems der Itna asariya.

2.10 Die Aleviten als Mehrheitsschia in der Bundesrepublik

In der Bundesrepublik Deutschland bilden die türkischen Aleviten die größte schiitische Gruppe. Die Gemeinschaft ist allerdings bislang kaum organisiert. Das macht es schwer, genaue Zahlenangaben zu erhalten. Es dürften jedoch etwas mehr als 100 000 Schiiten dieser Denkschule in Deutschland leben. Die Aleviten selbst sprechen von mehr als 200 000.

Da es in der Bundesrepublik kaum deutschsprachige Literatur über die Glaubensinhalte dieser Gemeinschaft gibt, soll hier ausführlicher darauf eingegangen werden. Die Darstellung beruht auf alevitischer Literatur, die im Zentralinstitut Islam-Archiv-Deutschland aus dem Türkischen in die deutsche Sprache übertragen worden ist.

Die Glaubenslehre der Nusairier in Syrien

Wesentliches Merkmal der von Ibn Nusair begründeten Glaubenslehre ist das Bekenntnis zur Göttlichkeit Alis. Die Nusairier bekennen deshalb: »Es gibt keinen Gott außer Ali, den Sohn des Abu Talib.« Ali existiert dieser Lehre zufolge von Ewigkeit zu Ewigkeit, er hat die Welt und die Menschen erschaffen und sich als Ali Ibn Abu Talib inkarniert, um den Menschen seine Botschaft zu bringen. Ali ist somit der eigentliche Prophet des Islam, der allerdings sein Wort durch eine Emanation, den Propheten Mohammad verkündete; Mohammad ist gleichsam nur ein Name für das Wirken Alis und ein Schleier vor der Person des eigentlichen Propheten, der wiederum eine Inkarnation Gottes ist. Ali und Mohammad zur Seite steht der Bab, die Pforte Gottes; der Bab ist wiederum eine Emanation Mohammads und wird von Salman al-Farisi verkörpert.

Die Aufgabe des Prophetentums ist es, den Seelen der Menschen den Weg zurück zu Gott zu weisen. Denn ursprünglich waren alle Seelen mit Gott vereint und schauten in ihrer körperlosen Existenz als Lichtwesen die Herrlichkeit seines Angesichts. Im Laufe der Äonen begannen sie, sich mit Gott, der mit Ali identisch ist, gleichwertig zu wähnen. Deshalb ließ Gott = Ali die Seelen aus ihrer Lichtnatur in eine niedere Qualität des Seins, in die materielle Existenz »hinabstürzen«. Dann wird — er den Menschen, verhüllt durch den Schleier des Prophetenamtes (wie im Falle Mohammads) und als ein Mensch, der ein Zugang (eine Pforte, ein Bab) zu ihm ist (wie Salman) erscheinen. Wer dann Gottes Wesen hinter diesen Phänomenen erkennt, kann wieder zu seiner ursprünglichen Lichtnatur aufsteigen und in der Gegenwart und Anschauung Gottes verweilen.

Die Grundaussagen der Lehre Ibn Nusairs, die heute noch von den Nusairiern in Syrien geglaubt werden, sind also:

- Ali ist Gott, der Schöpfer der Welt und der Menschen;
- Die Seelen der Menschen waren ursprünglich mit Gott = Ali als immaterielle Lichtwesen vereint;
- Wegen ihrer Sünde, sich Gott gleich zu wähnen, wurden die Menschenseelen in materiellen Körpern inkarniert. Nur wenn sie in dieser Existenzform ihre Geschöpflichkeit erkennen, werden sie wieder zu ihrem Ursprung zurückkehren können;
- Die Propheten, die Inkarnationen und Emanationen Gottes sind, haben die Aufgabe, der Menschheit den Weg zu weisen. Wer den Gesandten erkennt, der erkennt den, der ihn gesandt hat, und ist erlöst.

Die Glaubenslehre der Aleviten in Ost-Anatolien

Dieser Glaube hat sich bei den Aleviten in Ost-Anatolien in spezifischer Form entwickelt. Auch die Aleviten glauben, daß Ali und Mohammad eine herausragende Stellung zukommt, die Bezeichnung Aleviten ist von dem Namen Ali abgeleitet. Allerdings ist für sie Mohammad keine Emanation des als Gott verehrten Ali. Ali und Mohammad sind beide Lichtwesen Gottes und aus dem gleichen Lichtpartikel Gottes geschaffen. Sie sind deshalb in ihrem höheren Wissen und in der Personalität identisch. Während Mohammad Ali durch sein Prophetenamt übertrifft, verfügt Ali über das größere menschliche Wissen. Während Mohammad einer Offenbarung teilhaftig wird, repräsentiert Ali eigenes Wissen und eigene Erkenntnisse. Darum ist er es und nicht Mohammad, der dem Ideal eines vollkommenen Menschen am nächsten kommt. Ali gilt den Aleviten als der Spiegel Gottes, als die Manifestation Gottes auf Erden und als sein Licht, nicht aber als unmittelbar Gott selbst.

Um dies verstehen zu können, ist es notwendig, sich das Gottes-, Welt- und Menschenbild der Aleviten vor Augen zu führen.

Nach der alevitischen Lehre existiert Gott am Anfang in einem vom menschlichen Geist nicht erfaßbaren Urzustand jenseits von Leere oder Fülle, Personalität oder Nichtpersonalität. Gott ist sich seiner unendlichen Möglichkeiten, Fähigkeiten, Kräfte und Denkformen, die in ihm schlummern, nicht bewußt, er ahnt sie lediglich und möchte sie kennenlernen. Er gebiert aus seinem »gesichtslosen« Urzustand ein Wollen, eine Absicht und damit in sich ein Fülle, ein Potential, aus dem alle geistigen und materiellen Dinge hervorgehen können. Der gestaltlose Urzustand bekommt ein »Gesicht«, wird zu einer wollenden Person. Gott wird der EINE, jene einzige reine psychische Energie, die das Universum aus sich selbst heraus erschafft, erhält und umfaßt. Diese reine psychische Energie wird als al-Haq definiert, als die letztlich einzige Wirklichkeit, das Einzige, was wahrhaftig existiert.

Al-Haq entspricht dem Gott der islamischen Orthodoxie und ihrem Prinzip der Einheit Gottes (Tauhid). Für die Aleviten ist al-Haq die zweite Entwicklungsstufe Gottes. Aus dieser geht der Ur-Logos als dritte Stufe hervor. Der Ur-Logos ist gleichsam die Blaupause der Schöpfung und damit auch des menschlichen Geistes. Aus dem Ur-Logos emaniert über verschiedene Zwischenstufen die Materie. »Die absteigenden Emanationsstufen werden immer unrealer, unwirklicher, ›unwahrer‹. Je mehr sich Gott entäußert, desto weniger kann er das Entäußerte erkennen.« (Dierl, S. 66) In der letzten Stufe, in der Materie, ist er sich völlig fremd, obgleich das Universum seine sichtbare Gestalt ist. Um in der Materie seine eigene Gestalt zu erkennen, ist aus der Materie heraus die Entwicklung eines geistigen Wesens notwendig, in dem Gott zur Anschauung seiner selbst kommt. Dieses Wesen, die höchste Vollendung der Schöpfung, ist der Vollkommene Mensch.

Dementsprechend folgt dem absteigenden Zyklus von al-Haq zur »toten Materie« von dort ein aufsteigender Zyklus über Minerale, Pflanzen, Tiere und Menschen hin zum Vollkommenen Menschen. Deshalb ist der Vollkommene Mensch der Spiegel Gottes und seine Manifestation auf Erden. Nur im Vollkommenen Menschen kommt Gott wieder zum Bewußtsein seiner selbst, nur der Vollkommene Mensch bringt sein erworbenes Wissen in al-Haq ein und bereichert es damit. Die Seelen der geistig und moralisch unvollkommenen Menschen verbleiben nach der einen Auffassung irgendwo im Weltall, nach einer anderen Ansicht reinkarnieren sie sich in den Körpern von Tieren oder Menschen. Am Ende der Zeit werden sie mit dem gesamten Weltall vernichtet, indem Gott alle Emanationsformen in al-Haq zurücknimmt und in al-Haq auflöst. Durch die Anreicherung mit den Seelen der Vollkommenen Menschen hat al-Haq eine neue Stufe seiner Entwicklung erreicht, weil es im Wissen über sich selbst bereichert wurde.

»Nach endlosen (für Menschen endlosen) Zyklen hat sich Gott genügend erkannt, erforscht. Er kennt nun alle in ihm liegenden Möglichkeiten, Kräfte des ersten Zustandes. Nun ist auch al-Haq, das tauhidische Göttliche Wesen, nicht mehr notwendig. Al-Haq verschwindet in dem Ur-Gott.« (Dierl, S. 69)

Der Vollkommene Mensch als höchster Wert des Alevismus

Im Mittelpunkt alevitischer Lehre und Glaubenspraxis steht folglich der Vollkommene Mensch; für den Menschen kommt es darauf an, Vollkommenheit zu erreichen. Menschliche Selbstvervollkommnung ist also die höchste Form des Gottesdienstes; dazu gehört auch der Widerstand gegen alle Formen sozialer Rahmenbedingungen, die der menschlichen Selbstvervollkommnung hinderlich sind. Deshalb bekennen sich Aleviten in der Regel zu »linken« oder »emanzipatorischen« politischen Zielsetzungen.

Im Mittelpunkt des alevitischen Glaubens steht, wie gesagt, die Vervollkommnung des Menschen schlechthin, Ali ist nur der Prototyp des Vollkommenen Menschen. Nicht Ali als Person, sondern das, was er verkörpert, ist das Wesentliche. Da der Vollkommene Mensch die Manifestation Gottes ist, steht er auch über dem Koran und dem in ihm begründeten Rechtssystem, der Scharia. Der Koran ist das Wort Gottes, weil aus ihm das Unbewußte einer göttlichen Manifestation, des vollkommenen Menschen Mohammad/Ali spricht. Die Scharia bezieht sich in erster Linie auf die Lebensbedingungen der damaligen Zeit. Koran und Scharia sind wichtige Hilfsmittel für den gläubigen Menschen, aber nicht ihm übergeordnet, sondern dazu bestimmt, ihm zu dienen.

Ein Vollkommener Mensch, und davon hat es auch nach Alis Tod etliche gegeben, so z. B. Hadschi Bektasch (1248−1337), der als Reinkarnation Alis und Begründer der türkischen Ausprägung des Alevismus verehrt wird, steht als »sprechender Koran« über dem geschriebenen Koran und der in ihm begründeten Scharia.

Dierl ist zuzustimmen, wenn er sagt: »Der Schia-Alevismus ist Schiismus ohne Scharia. Er ist ... eine eigenständige Religion, die von der sunnitischen Orthodoxie (auch von der zwölferschiitischen Scharia-Orthodoxie) und von der christlichen Orthodoxie völlig verschieden ist, in den Aussagen diametral dem Sunnismus (und auch dem Kirchenchristentum) entgegengestellt« (Dierl, S. 35).

Die Verschiedenheit zwischen orthodoxem Islam (Sunna und Schia) und dem Alevismus drückt sich auch im äußeren Ritus aus. Dies sei hier am Beispiel der fünf Pfeiler des Glaubens dargestellt. Die fünf Pfeiler (Glaubenbekenntnis, Gebet, Fasten, Zakat und Pilgerfahrt) gelten als Identitätsmerkmale eines Moslems und damit seiner Zugehörigkeit zum Islam. Wer einen der Pfeiler nicht praktiziert bzw. leugnet, schließt sich automatisch aus der Gemeinschaft der Gläubigen aus und hat das Recht verloren, sich als Moslem zu bezeichnen. Die Haltung der Aleviten zu den fünf Pfeilern stellt sich wie folgt dar:

- Auch die Aleviten bekennen, daß es einen Gott gibt und daß Mohammad sein Gesandter ist.
- Da das Ritualgebet weder im Koran noch in der Tora erwähnt wird, ist es weder verboten, noch wird es belohnt. Die Aleviten beten einmal abends, der Tag ist für die Arbeit reserviert.
- Mohammad soll gesagt haben, daß Fasten nicht Enthaltsamkeit des Essens und des Trinkens bedeute, sondern sich gegenüber Herausforderungen zu beherrschen. Am Ramadan-Fasten beteiligen sich die Aleviten deshalb nicht.
- Zakat bedeutet, daß man zwei Prozent von seinem Vermögen an die Bedürftigen abgibt.
- Pilgerfahrt bedeutet lediglich, daß sich Menschen untereinander besuchen und sich Freude machen.

Außer bei den fünf Pfeilern zeigt sich die Spezifik der alevitischen gegenüber der islamischen Religion besonders im alevitischen Verständnis des Korans. Der Koran ist nach dem Verständnis der Sunniten und der Mehrheit der Schiiten eine verbalinspirierte Glaubensurkunde, die in der heute erhaltenen Form von Anfang an bestanden hat. Es könne kein Zweifel bestehen, daß die heute noch gültige Rezension, die unter dem Kalifen Othman angefertigt wurde, die Fassung sei, die bereits vor der Kanonisierung des Textes von dem Propheten Mohammad selbst verwendet wurde. Ein Moslem, der diese Überzeugung nicht teilt, schließt sich dadurch aus der islamischen Gemeinschaft aus.

Demgegenüber glauben die Aleviten, daß in der Othmanschen Rezension 432 Verse fehlen, die auf den Rang Alis als den »eigentlichen Heilsbringer« hinweisen. Außerdem lehnen die Aleviten sämtliche koranischen Aussagen ab, die nicht in Übereinstimmung mit biblischen Aussagen stehen. So gehen sie z. B. in Übereinstimmung mit der Tora davon aus, daß nicht Ismael, sondern Isaak der Sohn Abrahams war, der zum Opfer ausersehen war. Die Aleviten werfen den Moslems vor, Verfälschungen am ursprünglichen Koran vorgenommen zu haben.

Schlußfolgerungen

Angesichts der unübersehbaren Verschiedenheit von Alevismus und orthodoxem Islam beklagen die Aleviten, daß ihre Kinder in der Türkei am islamisch-sunnitischen Religionsunterricht teilnehmen müssen. In dem Beitrag eines alevitischen Autors in der Zeitung »Cumhuriyet« vom 19. August 1989 heißt es dazu: »Diese religiöse Unterrichtung richtet sich gegen den Glauben der Aleviten, und dieses Vorgehen wird ausgerechnet mit staatlicher Unterdrückung durchgeführt.«

Sunnitischer Islam und Alevismus sollten deshalb als zwei verschiedene Religionen behandelt werden.

Literatur: Abdülbakiy Gülparnarli, Tarih Boyunca Islam Mezhepleri Ve Siilik, Istanbul 1989; Ismet Zeki Eyuboglu, Alevilik — Sünnilik — Islam Düsüncesi, Istanbul 1989; Sinasi Koc, Gercek Islam Dini Nedir ? Kur'ana Bakarmisiniz?, Ankara 1986; ders., Gercek Kur'an Tarihini Okumak Istermisiniz?, Ankara 1986. Es wurden zusätzlich einige Zitate aus »Geschichte und Lehre des anatolischen Alevismus und Bektaschismus« von Anton Josef Dierl, Frankfurt/Main 1985 verwendet.

*2.11 Türkisch-Islamische Union derAnstalt für Religion e. V.
(DITIB), 5000 Köln 30, Venloerstraße 160,
Tel. (02 21) 51 38 94/52 54 32; Telefax: 51 58 92*

Bei der Türkisch-Islamischen Union der Anstalt für Religion (DITIB) handelt es sich um die nach deutschem Vereinsrecht zur juristischen Person erhobene offizielle Vertreterin des Amtes für Religiöse Angelegenheiten der türkischen Republik in der Bundesrepublik Deutschland (Oberste Türkische Religionsbehörde). Der semistaatliche Charakter der DITIB kann bereits aus der Satzung herausgelesen werden, wenn dort dem Präsidenten des Amtes für Religiöse Angelegenheiten der türkischen Republik, dem türkischen Generalkonsul in Köln und den vom Amt für Religiöse Angelegenheiten in die europäischen Länder entsandten Sozialräten das Recht auf Aufnahme in den Verein zuerkannt wird. Hinzu kommt, daß der jeweilige Präsident der staatlichen türkischen Religionsbehörde automatisch Ehrenvorsitzender der DITIB ist und gleichzeitig Vorsitzender des Beirates, dem außerdem fünf Religionsbeauftragte, d. h. türkische Staatsbeamte angehören. Außerdem »kann« der türkische Generalkonsul in Köln Beiratsmitglied sein.

Interessant ist auch, daß in einer Satzungsänderung die »endgültige Entscheidungsgewalt« über Aufnahmen in den Verein vom Vorstand auf den Beirat übertragen wird, während in einer anderen Satzungsänderung das Amt für Religiöse Angelegenheiten in Ankara als »Dachverband« der DITIB ausgewiesen wird. Sämtliche Geistliche der DITIB tragen den offiziellen Titel eines »Religionsbeauftragten« und sind damit Beamte des türkischen Staates mit Diplomatenstatus.

In einem Positionspapier der DITIB heißt es:

»DITIB ist eine nach dem Vereinsgesetz gegründete Organisation, die sich bei der Ausübung ihrer Tätigkeit auf die Gesetze der Bundesrepublik Deutschland stützt. Der Zweck der Organisation kann wie folgt zusammengefaßt werden:

DITIB ist von türkischen Arbeitern ins Leben gerufen worden, um für sämtliche in der Bundesrepublik Deutschland lebenden Muslime religiöse, soziale und kulturelle Dienste zu erbringen.

Zu ihren Zwecken gehört ferner die Koordinierung islamischer Dienste und islamischer Ausbildung in der Bundesrepublik Deutschland.

Diese Dienstleistungen stehen nicht nur Türken, sondern allen Muslimen zur Verfügung.

DITIB ist ein Gremium von Fachleuten auf dem Gebiet der islamischen Religion und Erziehung.

Sie ist der Dachverband von 520 Organisationen in der Bundesrepublik Deutschland, die besonders auf religiösem Gebiet eng zusammenarbeiten.

Abgesehen von diesen Vereinen besteht keinerlei organische Bindung zu amtlichen oder privaten Organisationen in der Bundesrepublik.

DITIB achtet die Rechtsnormen, übt ihre Tätigkeit in der Öffentlichkeit aus, tritt für den Meinungsaustausch mit toleranten Nicht-Muslimen und für die Integration ein.

DITIB ist gegen Militanz, Separatismus und Gewalt.

Sie tritt dafür ein, daß die religiösen Dienste fern von jedem Druck und im Rahmen der von der Religion selbst aufgestellten Regeln erfolgen, und stellt sich jedem Mißbrauch der islamischen Religion und der Muslime und ihrer Ausnutzung für politische und private Zwecke entgegen.

DITIB tritt als Organisation für die Verwirklichung von Grundsätzen wie Liebe, gegenseitige Achtung, Brüderlichkeit, Einigkeit und Wohltun ein.«

Über die Tätigkeit des Verbandes heißt es im März 1992 in einer Informationsschrift unter anderem:

»Unsere Union hält sich fern von der Politik. Die islamische Religion und die Angehörigen dieser Religion werden als ganzes angesprochen und behandelt. Die zu erbringenden Dienste werden unter diesem Gesichtspunkt geplant und geleistet. Gruppenbildungen und separatistischen Bestrebungen stellen wir uns entgegen. Insbesondere widersetzen wir uns allen Bemühungen, die islamische Religion für politische und materielle Ziele einzusetzen. DITIB opponiert gegen Leute, die den Islam aus einem falschen Verständnis heraus zum Unruhefaktor bei unbedarften Leuten umfunktionieren möchten. Wo es darum geht, gutwillige aber kenntnislose Muslime der Beeinflussung durch diese Leute zu entziehen, setzt DITIB seine gesamten Möglichkeiten ein.

Ein weiteres Anliegen von DITIB ist es, mit wissenschaftlichen Methoden bei unseren Menschen das Verständnis für die Wertschätzung zu entwickeln, welche der Islam allen Menschen — gleichgültig, um wen es sich handelt und welcher Religion er angehört — entgegenbringt. Wir arbeiten an der Entwicklung einer Auffassung, nach der alle in der Bundesrepublik Deutschland lebenden Muslime und in erster Linie die Türken, mit unseren deutschen Freunden in gegenseitiger Achtung, Liebe und Freundschaft ein integriertes Zusammenleben führen sollen. Es handelt sich dabei um ein Hauptthema unserer Predigten, die darauf gerichtet sind, den Gläubigen die islamische Lehre von der Liebe und der Achtung zum Menschen, der Beachtung der Menschenrechte, der Rechte des Nachbarn und den Aufgaben zu vermitteln, welche im gesellschaftlichen Miteinander dem einzelnen zufallen. Gewissenhaft sieht

DITIB darauf, hier seine Vorbereiter- und Führerrolle zur Geltung zu bringen.«

Das Informationsblatt geht sodann auf das Verhältnis der DITIB zu den außerhalb ihrer Jurisdiktion stehenden türkisch-islamischen Vereine ein. Diese Vereine werden pauschal mit dem Etikett »extremistisch« versehen. Wenn sie heute noch Einfluß auf eine kleinere Gruppe der türkischen Bevölkerung in der Bundesrepublik hätten, so liege das allein daran, daß es der DITIB noch nicht gelungen sei, ihre Dienste flächendeckend anzubieten. Und weiter: »Unsere einfachen Bürger trifft daran keine Schuld. Es mag aber der Hinweis von Nutzen sein, daß eine jede Gesellschaft mit einer Gruppe von etwa fünf bis zehn Prozent leben muß, die sich sozusagen auf dem Holzwege befindet. Die besondere Situation in Deutschland besteht darin, daß hier regelrecht übelwollende, politisch indoktrinierte Leute alles daran setzen, um diese etwa fünfzehn Prozent unserer Landsleute auf ihrer Linie zu halten.

Es wird uns mit der Zeit gelingen, hier in Köln, dem Hauptzentrum aller extremistischen Strömungen religiöser Prägung, noch bessere Resultate zu erzielen. Ich bitte Sie, diesbezüglich ganz beruhigt zu sein. Natürlich bedürfen wir heute wie in Zukunft auch hierbei der Hilfe unserer deutschen Freunde.

Unsere außerhalb von Köln in den Regierungsbezirken und Ländern tätigen Vereinigungen stehen ausnahmslos in einem guten und fruchtbaren Dialog mit den örtlichen Verwaltungen und den anderen im sozialen Bereich tätigen Stellen. Es kann gesagt werden, daß insbesondere Regierungspräsidenten, Landräte und Bürgermeister sowie kirchliche Stellen vor allem aber die Schulen und natürlich die Lehrerinnen und Lehrer alles daran setzen, um unseren Landsleuten Erleichterungen zu verschaffen. Über den Verlauf des Dialogs, den die Vorstände unserer Vereine mit den jeweils zuständigen Bürgermeistern, Landräten, Schulräten und Vertretern anderer verschiedener Institutionen unterhalten, haben wir uns nicht zu beklagen.

Sowohl hier in der Zentrale als auch in den angeschlossenen Vereinen gibt es Lehrgänge, in denen Kindern außerhalb der Schulzeiten islamische Religionspraxis vermittelt wird. Hiermit wird der Zweck verfolgt, die Kinder von der Beeinflussung durch extremistische Gruppen fernzuhalten und zu gewährleisten, daß sie die islamische Religion in ihrer unverfälschten Gestalt kennenlernen. In diesen Lehrgängen wird immer wieder darauf gedrängt, daß die Kinder regelmäßig die deutsche Schule besuchen sollen. Hierbei handelt es sich nicht um Korankurse, sondern hier geht es um Vermittlung religiöser Kultur.

Wir haben es mit Lehrgängen zu tun, die den Kindern religiöses Grundwissen vermitteln. Sobald es soweit ist, daß in den öffentlichen Schulen im Rahmen eines bestimmten Programms islamischer Religionsunterricht erteilt wird, werden die Eltern nicht mehr das Bedürfnis verspüren, ihre Kinder zum Erwerb religiöser Kenntnisse in die Moscheen zu schicken. Wenn es gelingt, auf solider Basis zu einer solchen Praxis zu kommen, dann wird das Problem des Religionskundeunterrichts unmittelbar auf der Schulbank seine Regelung finden. Als Organisation unterstützen wir die beim Landesinstitut von Fachleuten beider Länder geleisteten Programmarbeiten und verbinden mit diesen Arbeiten große Hoffnungen. Wir hoffen, daß auch die Erziehungsberechtigten einer Übernahme dieser Programme durch alle Bundesländer ihren Beifall zollen werden.

Die Angaben der DITIB über die Anzahl der ihr angeschlossenen Gemeinden sind sehr widersprüchlich. Sie schwanken zwischen 520 und 800. Beobachter gehen davon aus, daß sich die tatsächliche Zahl der DITIB-Gemeinden »auf nicht mehr als 400« beläuft. Auch hinsichtlich der Mitglieder gibt es keine konkreten Informationen. Die DITIB erhebt jedoch den Anspruch, für alle in der Bundesrepublik lebenden Türken zuständig zu sein.

2.12 Die Islamische Gemeinschaft in Deutschland e. V.
(Islamisches Zentrum München)
8000 München 45, Wallnerstraße 1–5,
Tel. (089) 32 50 61–62; Telefax: 3 25 50 77

Die Islamische Gemeinschaft in Deutschland (Islamisches Zentrum München) zählt zu den aktivsten moslemischen Gruppierungen in der Bundesrepublik. Sie steht ideologisch den neo-konservativen Strömungen nahe wie etwa der Moslembruderschaft oder der Jama'at-i-Islami. Jedoch heißt es in ihrer Satzung: »Die Gemeinschaft wird nicht erlauben, ihre islamische Natur durch irgendwelche politischen Richtungen beeinflussen zu lassen« (§ 2, Abs. 2 der Satzung).

Neben einer umfangreichen Aufklärungs- und Kulturarbeit tritt das Islamische Zentrum München vor allem für die Verkündigung des Islam in Deutschland ein. Gemeinsam mit dem »Haus des Islam« (Lützelbach/Odw.) veranstaltet das Zentrum im gesamten Bundesgebiet sog. »Islam-Wochen«. Es organisiert in dieser Kooperation regelmäßig »Treffen deutschsprachiger Moslems« (TDM) auf regionaler und Bundesebene. Außerdem schult das Zentrum Mitarbeiter für die Verkündigung des Islam in Deutschland.

Die Gemeinschaft wendet sich betont gegen den »atheistischen Materialismus«. In ihrer Satzung heißt es dazu:

»Im Bewußtsein des gemeinsamen Kampfes aller religiösen Kräfte gegen den atheistischen Materialismus in jeglicher Form für Freiheit und Menschenwürde, die allen Menschen von Gott gleichermaßen zuerkannt wurde, ist die Islamische Gemeinschaft zu toleranten Gesprächen mit allen Konfessionen bereit«.

Die Islamische Gemeinschaft in Deutschland unterhält neben einer Moschee eine staatlich anerkannte islamische Schule, einen Kindergarten und ein Wohnheim.

Die Zahl der ordentlichen Mitglieder wird durch die Satzung auf 80 begrenzt.

Durch zahlreiche, dem Grundgesetz der Bundesrepublik Deutschland zuwiderlaufende Äußerungen in der von ihr herausgegebenen Zeitschrift »Al-Islam«, ist die Islamische Gemeinschaft in Deutschland in den letzten Jahren immer wieder in negative Schlagzeilen geraten. Dazu war am 1. November 1992 aus dem Islamischen Zentrum München zu erfahren, daß die Gemeinschaft nicht in jedem Fall mit den in der Zeitschrift veröffentlichten Aussagen und Meinungen übereinstimme: »Nicht alles was in Al-Islam steht, wird vom Islamischen Zentrum München gedeckt.«

2.13 Bosnisch-Islamische Gemeinschaft
in der Bundesrepublik Deutschland
Kontaktanschrift: Islamisches Kulturzentrum,
4132 Kamp-Lintfort, Harbeckstraße 6—8
Tel. (0 28 42) 5 57 61

Gewissermaßen im Schatten des serbischen Vernichtungskrieges gegen Bosnien-Herzegowina haben die in der Bundesrepublik lebenden Bosnier und Kosovo-Albaner damit begonnen, eine eigene religiöse islamische Gemeinschaft aufzubauen.

Nach einer Aufstellung vom 17. September 1992 bestehen bislang 18 bosnisch-islamische Gemeinden in Deutschland mit rund 70 000 Mitgliedern. Schwerpunkte der Gemeindebildung sind dabei das Ruhrgebiet, der Raum Köln, Stuttgart, Hamburg und München. Die meisten bosnischen Gemeinden bezeichnen sich als »Islamisches Kulturzentrum«. Sie dürfen jedoch nicht mit den Vereinen des türkischen Verbandes der Islamischen Kulturzentren verwechselt werden. Die Bosnier im Rhein-Main-Gebiet haben die alte Islamische Gemeinschaft Deutschlands Frankfurt/Main, eine ursprünglich arabisch-amerikanische Gründung, übernommen und wieder mit Leben erfüllt. Die Gemeinschaft unterhält auch ein »Bosnisches Informationsbüro«, das von Hauptimam Rasim Hamidovic geleitet wird.

Unterstützt werden die Bosnier insbesondere durch die Avrupa Milli-Görüs Teskilatlari (AMGT) in Köln.

Dagegen spielt die 1978 gegründete »Islamische Gemeinschaft der Moslems aus der Föderativen Republik Jugoslawien« keine Rolle mehr.

2.14 Muslim Studenten Vereinigung in Deutschland e. V. (MSV)
6230 Frankfurt/Main 80, Lärchenstraße 143
Tel. (069) 39 20 01; Telefax: 39 20 02

Die 1964 in München gegründete Muslim Studenten Vereinigung in Deutschland hat sich zum Ziel gesetzt, alle moslemischen Studenten in der Bundesrepublik zu organisieren und zu betreuen. Im Vordergrund steht dabei die Schaffung einer religiösen Infrastruktur, die den hier lebenden moslemischen Studenten eine »islamgerechte Lebensführung« ermöglicht.

Darüber hinaus will die Vereinigung die politische Bildung der Studenten ebenso fördern wie ein staatsbürgerliches Verantwortungsbewußtsein.

Seit ihrer Gründung hat sich die Studentenvereinigung bemüht, an den wissenschaftlichen Einrichtungen Räumlichkeiten für Gebete und andere religiöse Veranstaltungen zu organisieren. Heute kann davon ausgegangen werden, daß an allen deutschen Hochschulen das Freitagsgebet verrichtet werden kann. Die MSV unterstützt islamische Veranstaltungen und Sommerlager, die von namhaften islamischen Gelehrten dazu genutzt werden, über Fortschritte in ihren wissenschaftlichen Disziplinen zu berichten.

Über die allgemeine studentische Arbeit hinaus, beteiligt sich die Vereinigung an der Verbreitung der islamischen Lehre in Deutschland. Hauptanliegen ist dabei, die Vermittlung eines »unverfälschten Islambildes«.

Aber auch die Sozialarbeit kommt nicht zu kurz. So gewährt die Vereinigung Teilstipendien und hilft in Not geratenen Studenten bei der Überwindung von finanziellen Engpässen und beim Abbruch der Zuwendungen aus dem Heimatland.

Die MSV versteht sich als freie und unabhängige islamische Institution. Sie ist Mitglied der Federation of Islamic Organization in Europe (FIO) und der International Islamic Federation of Student Organization (IIFSO).

2.15 Islamische Jugendverbände

Der Islam in Deutschland tut sich mit seiner Jugend sehr schwer. Viele moslemische Jugendliche haben die Gemeinden verlassen, da sie das Gefühl haben, daß der Islam eine »Religion der Kinder und Erwachsenen« sei. Ein Jugendführer schrieb 1990 in einem Bericht über islamische Jugendarbeit in Deutschland, er habe die Beobachtung gemacht, daß es im Islam nur Kinder und Erwachsene gebe, denn die Probleme der Jugendlichen kämen im Leben der islamischen Gemeinde nicht vor.

Um diesem negativen Trend entgegenzuwirken, haben sich seit 1986 in der Bundesrepublik fünf islamische Jugendverbände gegründet. Es muß allerdings festgehalten werden, daß die Abwanderung der Jugendlichen aus den islamischen Gemeinden weiter anhält.

Bund Moslemischer Pfadfinder Deutschlands (BMPD) e. V.
Bundesamt, 4050 Mönchengladbach 2, Obertor 10
Tel. (0 21 66) 5 33 89

Die Ziele des BMPD sind im Dezember 1990 auf der 3. Ordentlichen Bundesversammlung in Soest-Deiringsen formuliert worden:

ERKLÄRUNG VON SOEST
MOSLEMISCHE JUGEND IM SÄKULAREN STAAT

Der Bund Moslemischer Pfadfinder Deutschlands
bekennt sich zu den Prinzipien und Traditionen des Islam und ist davon überzeugt, daß er diese in der säkular-pluralistisch strukturierten Gesellschaft der Bundesrepublik Deutschland verwirklichen kann;

Der Bund Moslemischer Pfadfinder Deutschlands
versteht sich als freier und unabhängiger Jugendverband in einem freiheitlich demokratischen Rechtsstaat;

Die im Bund Moslemischer Pfadfinder Deutschlands
organisierten moslemischen Jugendlichen verstehen sich als Teil der deutschen Gesellschaft und wollen gemeinsam mit Jugendlichen anderer Religions- und Weltanschauungsgemeinschaften — insbesondere

mit den Pfadfindern anderer Bünde — ihre Zukunft in diesem Lande suchen, gestalten und sichern helfen;

Die im Bund Moslemischer Pfadfinder Deutschlands organisierten moslemischen Jugendlichen verpflichten sich, in ihren religiösen Gemeinschaften aktiv mitzuarbeiten und auf diese Weise einen Beitrag zur Erhaltung der religiösen und kulturellen Identität der Moslems in diesem Lande zu leisten;

Der Bund Moslemischer Pfadfinder Deutschlands tritt für Frieden, soziale Gerechtigkeit, für die Begegnung mit Menschen unterschiedlicher Rasse, Nationalität, Religion und Hautfarbe ein und für die Bewahrung und Erhaltung der Schöpfung Gottes.«

Islamische Pfadfinder — Deutsches Komitee
(in Zusammenarbeit mit dem Islamic Committee on World Scouting)
8000 München 45, Wallnerstraße 1—5
Tel. (089) 32 50 61/62

Über die Einstellung des Deutschen Komitees der Islamischen Pfadfinder gibt ein Bericht über ein islamisches Pfadfindertreffen in England Auskunft, der in der Nr. 4/1990 der Zeitschrift »Al-Islam« veröffentlicht worden ist.

In dem Artikel ist davon die Rede, daß die moslemischen Pfadfinder in England beschlossen hätten, zunächst bei den englischen Pfadfindern zu lernen. Später wollten sie dann ihre eigenen islamischen Gruppen bilden, die aber zur englischen Pfadfinderorganisation gehören sollen.

Der Artikel fährt fort:

»Wir in Deutschland haben es da besser. Wir haben von Anfang an unsere eigenen Islamischen Pfadfinder gegründet, und jeder, der bei uns mitmacht, ist Muslim. Da gibt es viel weniger Meinungsverschiedenheiten und viel weniger Probleme. Natürlich halten wir Kontakt mit den anderen deutschen Pfadfindergruppen, das ist klar. Aber wir bestimmen selbst, was wir machen wollen. Das ist für uns als Muslime besonders wichtig.«

AMGT-Jugendorganisation,
5000 Köln 60, Merheimerstraße 229
Tel. (0221) 72 25 36

Hierbei handelt es sich um den grössten moslemischen Jugendverband in Deutschland mit über 5000 Mitgliedern. Er ist auf Bundes-, Landes- und Bezirksebene organisiert.

Die AMGT-Jugendorganisation veranstaltet alljährlich einen »Islamischen Jugendkongress«, der von über 10 000 Jugendlichen besucht wird.

Verband der Islamischen Jugendzentren e. V.
4730 Ahlen, Em,-von-Kettler-Straße 47
Tel. (0 23 82) 6 08 87

Der Verband orientiert sich an den Lehren von Bediüzzaman Said Nursi (s. a. Islamische Gemeinschaft Jama'at un-Nur e. V.). Bei den Islamischen Jugendzentren handelt es sich um einen autonomen Verband, der zu den Trägern des Bundes Moslemischer Pfadfinder Deutschlands (BMPD) gehört.

Islamische Jugend Aachen
Kontaktanschrift: Islamisches Zentrum Aachen (Bilal-Moschee)
Prof.-Pirlet-Str. 20, 5100 Aachen
Tel. (02 41) 8 20 33

2.16 Die Sufigemeinschaften in Deutschland

Die Geschichte des Sufismus oder der Derwischorden in Deutschland beginnt im Herbst des Jahres 1910, als der in Baroda in Indien geborene Stifter des Ordens der Chesti-Derwische, Pir Inayat Khan, auf einer Reise nach den USA auch in Deutschland Station machte. Wie der Ordensstifter 1927, kurz vor seinem Tode, schrieb, gehörten seine ersten europäischen Schüler — darunter auch eine Gruppe Deutscher — »zumeist den gebildeten, wenn auch nicht den ausgesprochen gelehrten Kreisen an«.
Heute existieren in der Bundesrepublik die nachfolgenden *sunnitischen Ordensgemeinschaften:*
— Die *Nakschibandija.* Dieser Orden ist in Deutschland in drei Richtungen gespalten: Die Gruppe des *Shaikh Nasim Qubrusi* mit etwa 200 Mitgliedern (darunter eine starke Gruppe deutscher Moslems), die Gruppe des *Shaikh Muhammad Rashid,* mit 3000 Mitgliedern (diese Gruppe ist extrem fundamentalistisch, antidemokratisch, rassistisch und antichristlich orientiert). Hinzu

Quellen: Abdullah, Muhammad Salim, Geschichte des Islam in Deutschland, Graz 1981; Abdullah Halis Dornbrach, Islamische Ordensgemeinschaften in der BRD, Jünkerath 1991

kommt die *Süleymancilar-Bewegung* (s. a. Verband der Islamischen Kulturzentren e. V.);
- der *Qadiri-Orden* (50—60 Mitglieder);
- der *Rifa'i-Orden* (100 Mitlieder);
- der *Maulauwi-Orden* (keine Zahlenangaben);
- der *Alawi-Orden* (300 Mitglieder);
- der *Dscherrachi-Orden* (15 Mitglieder);
- der *Safiniya-Orden* (50 Mitglieder);
- der *Darqawi-Orden* (50 Mitglieder);
- der *Burhani-Orden* (150 Mitglieder).

Hinzu kommen die *schiitischen Ordensgemeinschaften* der *Nimatullahi* (80 Mitglieder) und der *alevitische Bektaschi-Orden* (2000 Mitglieder).

2.17 Der Verband Islamischer Vereine und Gemeinden e. V.
5000 Köln 60, Niehlerkirchweg 36, Tel. (02 21) 7 60 20 88;
Büro: Neusser Straße 418, Tel. 7 60 46 12

Unter den Islamisten in der Bunderepublik Deutschland ist das Büchlein »Islam — Idee und Lehre« als eine Art Katechismus weit verbreitet. Sein Autor ist Kemaleddin Senocak, es erschien 1984 in München. Das fünfte Kapitel »Der Islam ist eine Weltordnung« enthält zahlreiche grundsätzliche Aussagen zum politischen Standort des Islamismus. So heißt es z. B.:

»Ein Staat, der nicht nach dem Gesetz Allahs (Scharia) funktioniert und handelt ..., ist eine Ordnung des Kufr, also des Unglaubens. Nach diesem Grundsatz sind diejenigen, die die Gesetze des Unglaubens (nichtislamische Gesetze) erlassen und anwenden, dzalim, also Tyrannen, und diejenigen, die sich diesen Gesetzen beugen, Fasik, also Sünder. Denn für jeden Muslim besteht die Pflicht zum Aufstand gegen jede nichtislamische tyrannische Herrschaft« (S. 104).

Auf die Lebensbedingungen der Moslems in der Bundesrepublik bezogen, bedeutet das:
1. Die verfassungsmäßige Ordnung in der Bundesrepublik Deutschland ist keine islamische Ordnung. Also ist sie eine tyrannische Ordnung des Unglaubens.
2. Wer sich als Moslem dieser Ordnung unterwirft, sündigt.
3. Der wahre Moslem ist zum Aufstand gegen diese Ordnung verpflichtet.

Daß dies kein Mißverständnis ist, zeigt sich bereits eine Seite weiter, wo klar gesagt wird, daß alle weltlichen (d. h. säkularen) Ordnungen zur Welt des Unglaubens gehören (S. 105).

Wirklicher Friede und eine Überwindung der Spaltung unter den Menschen ist für den Autor nur dadurch erreichbar, daß »der Islam« die ganze Erde beherrscht (S. 106). Dies durchzusetzen sei die Aufgabe der Gläubigen, denen Gott die Verwaltung der Macht auf der Erde anvertraut hat. Die Gläubigen seien die Kalifen (Stellvertreter) Gottes auf der Erde (S. 106). Im Koran ist letzteres ein Wesensmerkmal des Menschen, der Islamist Senocak billigt es aber nur den Gläubigen zu und berührt damit die Frage der Menschenwürde der Nichtgläubigen.

Die in dem Buch vorgeschlagene politische und gesellschaftliche Ordnung läuft auf eine »Restauration« des angeblichen frühislamischen Lebensmodells hinaus: die Scharia, die auch das Zusammenleben der Menschen regelt, wird von einem direkt vom Volk gewählten Staatschef durchgesetzt, der seinerseits wiederum von einem Kollegium religiöser Gelehrter beraten und kontrolliert wird. Parteien sind als Ausdruck der inneren Zerrissenheit nicht vorgesehen: eine »gesunde« islamische Gesellschaft ist geeint. Grundlage der Wirtschaft ist ein sozialen Bindungen unterliegendes nichtmonopolistisches privates Eigentum.

Nach Ansicht der Islamischen Bewegung ist eine solche Ordnung durch den Sieg der »islamischen Revolution« über die »Feinde Gottes« durchzusetzen. Es gehe darum, den Ausbeutern in aller Welt die Schlußabrechnung zu präsentieren. Bis dahin gebe es für die Gläubigen nur die Alternative »Sieg oder Märtyrertum«. Endziel sei es, den Islam in alle Teile der Welt zu tragen und das kapitalistische und kommunistische System mit der Wurzel auszurotten (vergl. Islam-Nachrichten 30/09.08.88). Die Islamische Bewegung sei diejenige Kraft, die die Massen für dieses Ziel mobilisieren soll. Zu diesem Zweck seien weltweit Hizbollah- (Partei-Gottes-) Zellen zu gründen. Nur wenige dieser Zellen wie z. B. das Muslim-Institut in London arbeiteten offen. Sollte es jemals zerstört werden, würden »unsichtbare Zentren« seine Funktionen übernehmen (vergl. Islam-Nachrichten 47/07.11.89).

Der Islamismus kann sich in der Bundesrepublik Deutschland vor allem auf den Verband Islamischer Vereine und Gemeinden in Köln abstützen. Sein Gründer, Cemaleddin Kaplan, war ursprünglich Mufti in der türkischen Stadt Adana. Nachdem ihn die dortigen Behörden wegen seines politischen Extremismus aus diesem Amt entfernt hatten, ging er in die Bundesrepublik und beantragte erfolgreich politisches Asyl.

Wie ähnlich strukturierte »Führungspersönlichkeiten« der Islamischen Bewegung hat auch Kaplan seine programmatischen Aussagen nicht schriftlich niedergelegt, sondern verläßt sich auf das gesprochene Wort, das er auch über Tonkassetten verbreiten läßt. Seine Predigten sollen auf diese Weise auch die Moslems in der Türkei erreichen und zum Einsatz für die islamische Revolution motivieren. Der Kern seines »Grundsatzprogramms«, hier zusammengestellt aus Redetexten, ist knapp, einfach und eingängig:

»Das Ziel ist der islamische Staat mit dem Koran als Grundgesetz. Der Koran beantwortet alle Staat und Gesellschaft betreffenden Fragen bis zum Ende der Welt. Da Demokratie im Koran nicht vorgesehen ist, kann sie nur eine Ideologie des Satans sein, die im Vergleich zum Islam nicht mehr, sondern weniger Freiheit bedeutet. Sie ist deshalb eine Kriegserklärung an Gott, die einen Moslem zum Wahnsinn treiben kann. Der türkische Staat hat sich mit seiner widerwärtigen Demokratie wie eine Kobra auf dem Feld der Märtyrer, dem islamischen Boden Anatoliens, breitgemacht. Diese Herausforderung verpflichtet die Gläubigen, die auf dem Unglauben beruhende Ordnung als wahrhafte Revolutionäre mit der Wurzel auszurotten; wie eine Faust sollen sie das Rückgrat der Gottlosen brechen. Die Gottlosen, das sind die Europäer und ihre illegalen Abkömmlinge, die Amerikaner; sie sind grausamer als die afrikanischen Menschenfresser. Gegen diese imperialistischen Ungläubigen gilt es, bis zum letzten Atem, letzten Mann und letzten Besitz zu kämpfen, um den Islam zu schützen und seine Fahne zu verbreiten.«

Die Islamisten haben ihrerseits jedoch nie einen Zweifel an ihrer feindseligen Haltung gegenüber der hiesigen Gesellschaft gelassen. So heißt es z. B. in einem anonymen Flugblatt aus dieser Szene:

»Ein Bildungssystem, das eine unmoralische Weltanschauung des Westens beinhaltet, zwingt uns bedauerlicherweise, gegen unseren Willen unsere Kinder zur Schule zu schicken. Ungläubig erzogene Moslemkinder haben wir dann als Endprodukt ....

Diese ARBEITERWOHLFAHRT und deren Nebeneinrichtungen lassen durch ihre Agenten Moslemkinder dazu überreden, ihre Nestwärme aufzugeben, um sie ihren eigenen Idealen dienen zu lassen. Sie bringen sie zur Ausbildung in Heimen fern von Vater und Mutter unter. Somit wird ein Verbrechen gegen die Menschlichkeit vollzogen. Die ›Unterbringungsheime‹ sind Brutnester für Prostitution, Heroinhöhlen, Herbergen für Lesbierinnen und stehen unter der Obhut der Bezirksämter.

Blutjunge Mädchen dürfen in Heimen tun und lassen, was sie wollen. Sie dürfen kommen und gehen, wann sie wollen und wohin sie wollen. Sie dürfen auch in fremden Wohnungen übernachten, weil sie ihrer Auffassung nach ›frei‹ sind. Kinder müssen ›frei‹ sein und dürfen nicht unter dem Druck strenger Eltern stehen. Dies alles bezeichnen sie mit ›Freiheit‹, und das ist die Weltanschauung der Deutschen; ihre Denkweise ist nun einmal so.«

»Die Aufbaustruktur ihres Gehirns ist so konstruiert, daß sie Flirt und Prostitution der eigenen Tochter sehr leicht hinnehmen können. Und dies alles verstehen sie unter Kultur und Fortschritt. Der Deutsche hat ferner die Absicht, die gesamte islamische Kultur in einem Schmelztiegel mit der seinigen zu verschmelzen, um dann aus dieser Masse Straßenmädchen zu produzieren ... Somit wird die Vernichtung der islamischen Familiennormen vollzogen ... Dies alles ... ist mit barbarischen Morden vergleichbar ... und spielt sich unter dem Deckmantel der Hilfe ab ...

Eure Art, Euer Ansehen und die Intimität Eurer Familien werden mit Füßen getreten. Eure Frauen und Töchter werden zur Prostitution animiert. Wollt Ihr weiterhin gegen die Morde der ARBEITERWOHLFAHRT und der JUGENDÄMTER stumm bleiben?«

Cemaleddin Kaplan und sein »Verband Islamischer Vereine und Gemeinden« kämpfen gegen die vom Satan geschaffene tyrannische Ordnung der Demokratie, die die Moslems verfolgt, wie Hitler die Juden. Diese Demokratie ist die Staatsform von Gottlosen, deren Gehirn so konstruiert ist, daß sie die Prostitution der eigenen Tochter sehr leicht hinnehmen können; sie sind schlimmer als afrikanische Menschenfresser und wollen moslemische Frauen zu Straßenmädchen machen. Gegen diese Mörder gilt es, den Islam zu verteidigen und seine Fahne zu verbreiten.

Die Umtriebe derer, die so denken, stellen kein religiöses, sondern ein kriminelles Phänomen dar. Nicht der Islam, sondern die schiere Lust am Bruch der Rechtsordnung, die mit dem angeblich teuflisch-tyrannischen Wesen des Säkularismus begründet wird, ist der eigentliche Antrieb für Täter-Persönlichkeiten vom Zuschnitt eines Cemaleddin Kaplan.

Solchen Menschen macht es ganz einfach Spaß, ihre Mitmenschen zu quälen oder zu töten, es gefällt ihnen, wenn ein geordnetes Gemeinwesen im Chaos untergeht.

Deshalb drohen sie mit Gewalt, um die verfassungsmäßige Ordnung zu ändern (§ 81 StGB), beschimpfen sie diese Ordnung und machen sie böswillig verächtlich (§ 90 a StGB), leisten Vollstreckungsbeamten Widerstand (§ 113 StGB und haben zum Zweck der Begehung solcher Straftaten ihren »Verband« gegründet (§ 129 StGB, Bildung krimineller Vereinigungen).

Hinter ihrem rechtsbrecherischen Treiben stehen wahnhafte Vorstellungen sowohl der Realität als auch der Veränderungen, die angeblich notwendig sind.

Das Problem der »islamischen Fundamentalisten« ist ein Problem der forensischen Psychiatrie, das ggf. durch eine Massentherapie zu lösen ist.

Der Verband Islamischer Vereine und Gemeinden hat etwa 5000 Mitglieder.

In diesem Rahmen müssen auch die islamischen »Geheimgesellschaften« Erwähnung finden. Bei ihren Mitgliedern handelt es sich zumeist um ausländische Moslems, die die deutsche Staatsbürgerschaft erworben haben und in angesehenen Berufen tätig sind; auch im öffentlichen Dienst und in den Medien.

Die Geheimgesellschaften zeichnen sich durch eine strikte Ablehnung des Säkularismus und des demokratischen Rechtsstaates aus. Sie beschäftigen sich nicht nur mit der »Entlarvung« liberaler Moslems als »Freimaurer und Feinde des Islam«, sondern auch mit der Verbreitung antisemitischer Literatur in Deutschland.

Die Zahl der Anhänger dieser Geheimgesellschaften dürfte 1000 nicht überschreiten.

2.18 Die Islamischen Institute

Islamische Wissenschaftliche Akademie zur Erforschung der Wechselbeziehungen zur abendländischen Geistesgeschichte und Kultur e. V.
5000 Köln 41, Zülpicher Straße 83
Tel. (02 21) 44 28 52

Die islamischen Diasporagemeinschaften in der Bundesrepublik haben sich in den vergangenen Jahren mehrere Einrichtungen geschaffen, um den Gläubigen das Leben in einer ihnen fremden Umwelt zu erleichtern und um ihnen zu helfen, ihre besondere religiöse und kulturelle Identität zu wahren.

Eine Institution besonderer Art in diesem Reigen ist die »Islamische Wissenschaftliche Akademie« in Köln, die im Februar 1978 von dem Islamwissenschaftler Professor Dr. Abdoldjavad Falaturi gegründet worden ist. Professor Falaturi ist Lehrstuhlinhaber an der Universität Köln.

Die islamische wissenschaftliche Akademie — die einzige ihrer Art in Westeuropa — hat sich zur Aufgabe gemacht, die religiösen, geisteswissenschaftlichen und gesellschaftlichen Probleme zu erforschen, die sich aus der Begegnung von Orient und Okzident in Geschichte und Gegenwart ergeben. Da die Berührung des islamischen Kulturkreises mit der modernen Welt heute infolge des Imports moderner Technologien, der globalen Berichterstattung der Massenmedien und der zunehmenden Bildung ständig zunimmt, will die Akademie zudem Wege und Methoden entwickeln, um einer Überforderung und Entfremdung und damit möglichen geistigen Schädigung der im islamischen Kulturkreis verhafteten Menschen entgegenwirken. Dabei soll unter anderem auch dem christlich-islamischen Dialog und dem Gespräch mit dem Judentum und anderen Religionsgemeinschaften große Aufmerksamkeit gewidmet werden. Ein ebenso umfangreiches wie ehrgeiziges Programm.

Besonders hervorgetreten ist die Islamische Akademie durch eine umfangreiche Analyse der an den deutschen Schulen gebräuchlichen evangelischen und katholischen Religionsbücher, der Geschichts- und Geographiebücher sowie der audio-visuellen Medien zum Thema Islam, die in einem achtbändigen Werk erschienen und für die Fachwelt von unschätzbarer Bedeutung ist.

Das Zentralinstitut Islam-Archiv-Deutschland e. V.
(gegr. 1927 in Berlin)
4770 Soest, Postfach 1528, Am Kuhfuß 8
Tel. (0 29 21) 6 07 02; Telefax: 6 54 17

Das Zentralinstitut Islam-Archiv Deutschland ist die älteste islamische Einrichtung im deutschsprachigen Raum.

Aufgabe des Zentralinstitutes ist es, die Urkunden und Dokumente der vier deutschen islamischen Gemeindegründungen der Jahre 1731, 1922, 1945 und 1971 zu verwahren, zu verwalten und zu ergänzen sowie die ausländischen moslemischen Organisationen in der Bundesrepublik Deutschland zu begleiten und zu betreuen.

Das Institut unterstützt ausländische moslemische Arbeitnehmer und deren Familien bei der Lösung sozialer und kulturell-religiöser Probleme, die sich aus dem Leben in einer nicht vom Islam geprägten Gesellschaft und Umwelt ergeben.

Hinzu kommt die Durchführung von Bildungsveranstaltungen im Bereich Information Islam und die Begleitung und Förderung der christlich-moslemischen Begegnung.

- Das Institut erstellt Gutachten für Behörden und Dienststellen sonstiger Körperschaften und gesellschaftlicher Einrichtungen (Verbände), um diese in allen Fragen zu unterstützen, die mit der Bewahrung der Identität moslemischer Arbeitnehmer und deren Familien bei gleichzeitiger Integration in das hiesige soziale Umfeld zusammenhängen. Im Vordergrund steht dabei jene Gruppe, die sich für einen Daueraufenthalt in der Bundesrepublik entschieden hat.

- Das Institut ist in die Bemühungen des Landesinstitutes für Schule und Weiterbildung in Soest eingebunden, in Nordrhein-Westfalen eine religiöse Unterweisung für Schüler islamischen Glaubens an den öffentlichen Schulen einzuführen.

- Das Institut begleitet die Entwicklung von entsprechenden Curricula für die vorgesehene religiöse Unterweisung, die für die Minderheit ein unverzichtbarer Identitätsunterricht ist.

- Das Institut ist an der Ausbildung türkischer Pädagogen/innen zu Moderatoren/innen für die Schulung islamischer Religionslehrer/innen in den Regierungsbezirken durch Abhaltung von Kursen im Wege der Lehrerfort- und -weiterbildung beteiligt. Diese Beteiligung kann auch auf andere Bundesländer ausgedehnt werden.

- Das Institut führt im Rahmen der Lehrerfort- und -weiterbildung Seminare für christliche Pädagogen/innen durch, um diese auf den Umgang mit moslemischen Schülern und deren Eltern vorzubereiten.

- Entsprechendes gilt für die Einführung von Erzieherinnen und Erziehern in Probleme des islamischen Erziehungsverständnisses, insbesondere in seiner türkischen Ausprägung.

- Das Institut steht über die politischen Stiftungen im Dialog mit den staatstragenden Parteien, um auf diese Weise die Integration zu fördern und um zu einem konfliktfreien Zusammenleben von Mehrheit und Minderheit in der Bundesrepublik einen Beitrag zu leisten.

In diesem Zusammenhang ist das Institut auch zur Mitwirkung

(Vermittlung) an der Beilegung internationaler Konflikte herangezogen worden (s. a. Sudankonflikt, Wahrung der Menschenrechte, Minderheitenfragen, Verfolgung von religiösen Minderheiten).
● Das Institut führt regelmäßig Repräsentativumfragen zu unterschiedlichen Themen unter den Moslems in der Bundesrepublik durch.

Damit erfüllt das Institut wichtige sozial- und kulturpolitische Aufgaben, die von gesellschaftlichem Allgemeininteresse sind.

Der Etat des Instituts wird durch Spenden in Deutschland bestehender islamischer Gemeinschaften gedeckt.

Das Zentrum zur Erforschung
von Sozial- und Wirtschaftsordnungen e. V.
5000 Köln 60, Merheimerstraße 229
Tel. (02 21) 72 25 36; Telefax: 7 39 37 00

Bei dem Institut handelt es sich um eine wissenschaftlich kulturelle Einrichtung, die der Erforschung von Sozial- und Wirtschaftsordnungen dient.

Im einzelnen hat sich das Institut folgende Aufgaben gestellt:

Das Institut führt im Auftrage von staatlichen, überstaatlichen und nichtstaatlichen Einrichtungen Forschungsaufträge durch.

Zur Durchführung der Forschungsaufgaben arbeitet das Institut mit anderen wissenschaftlichen Einrichtungen zusammen.

Das Institut übernimmt die Aufgabe, zwischen den westlichen Gesellschaften und den Völkern der Herkunftsländer der ausländischen Arbeitnehmer in Europa, in den Bereichen der sozialen, wirtschaftlichen, politischen und religiösen Strukturen eine wissenschaftliche Brückenfunktion, im Sinne der Völkerverständigung, auszuüben.

Das Institut führt wissenschaftliche Forschungsergebnisse der unterschiedlichen Kulturen, im Rahmen von wissenschaftlichen Veranstaltungen, zusammen, um bestehende Differenzen zu minimieren, Begriffe inhaltlich neu zu erläutern, und somit divergierende Weltanschauungstendenzen auf dem wissenschaftlichen Wege auf ein Mindestmaß zu reduzieren.

IV. Kapitel
Organisationsübergreifende Zusammenschlüsse

Trotz unterschiedlicher religiöser, kultureller und gesellschaftspolitischer Auffassungen haben sich in den letzten Jahren in Deutschland zwei organisationsübergreifende islamische Zusammenschlüsse zu bilden vermocht, die heute weitgehend das Bild des Islam in der Öffentlichkeit bestimmen. Dabei handelt es sich um den *Islamrat für die Bundesrepublik Deutschland*, der entschieden für eine Integration der Moslems und ihrer Gemeinschaften in die deutsche Gesellschaft eintritt und von daher ein »Modell Islam im säkularen Staat« anstrebt und um den *Islamischen Arbeitskreis in Deutschland*, den man ohne weiteres als »neokonservative Antwort« auf den Islamrat werten kann. Allerdings muß hinzu gefügt werden, daß beide Zusammenschlüsse trotz der zwischen ihnen bestehenden gesellschaftspolitischen Meinungsverschiedenheiten auf vielen Gebieten zusammenarbeiten, wenn auch mit unterschiedlichen Akzenten.

1. Der Islamrat für die Bundesrepublik Deutschland

Der Islamrat für die Bundesrepublik Deutschland wurde am 21. November 1986 in Berlin gegründet mit dem Ziel, »die Zukunft der islamischen Gemeinschaften in Deutschland zu sichern«. Gründer waren der *Verband der Islamischen Kulturzentren e. V.*, die *Islamische Gemeinschaft Jama'at un-Nur e. V.*, die *Gemeinschaft Les amis de l'Islam e. V.* und der *Islamische Weltkongreß / Deutsche Sektion e. V.*

Nach seiner Ordnung versteht sich der Islamrat als »gemeinsame Gesprächsebene und Koordinierungsinstanz für die islamische Arbeit« der vertragsschließenden Organisationen. Er betrachtet sich darüber hinaus als von den Mitgliedern der ihm angehörenden Gemeinschaften »bevollmächtigter Gesprächspartner gegenüber dem Staat, den Parteien und anderen gesellschaftlichen Gruppierungen«.

Wenngleich sich die dem Rat angehörenden Gemeinschaften in der Ordnung dazu verpflichten, gegenüber dem Staat, den Parteien und anderen gesellschaftlichen Gruppierungen, wie etwa gegenüber den Kirchen und anderen weltanschaulichen Gemeinschaften« mit einer Stimme zu sprechen, behalten sie sich ihre »uneingeschränkte innere Autonomie und Bewegungsfreiheit« vor. Das gilt auch für ihre je eigenen religiösen, kulturellen und nationalen Traditionen.

In der Ordnung des Islamrates sind folgende Aufnahmekriterien festgehalten:

- Die antragstellende Organisation muß gesellschaftsoffen und dialogorientiert sein und
- parteipolitisch neutral;
- sie muß ihre Unabhängigkeit als religiöse Organisation nachweisen und nach deutschem Recht rechtsfähig sein.

Der Islamrat bezieht seine Rechte aus den Rechten seiner Mitglieder. Diese Rechte sind gleichwertig. Beschlüsse müssen daher einstimmig gefaßt werden, um Rechtskraft für alle Mitglieder zu erlangen.

Gegenwärtig gehören dem Islamrat nachstehende Organisationen und Institutionen an:

- Islamische Gemeinschaft Jama'at un-Nur e. V., Neustraße 11, 5000 Köln 80;
- Avrupa Milli-Görüs-Teskilatlari (Vereinigung der neuen Weltsicht in Europa) e. V. (AMGT), Merheimer Straße 229, 5000 Köln 60;
- Ordensgemeinschaft Les amis de l'Islam (Alawia) e. V., Fürstenberger Straße 25, 4000 Düsseldorf;
- Islamischer Weltkongress Deutschland (IWKD) e. V., 4770 Soest, Am Kuhfuß 8;
- Bund Moslemischer Pfadfinder Deutschlands (BMPD) e. V., Bundesamt: Obertor 10, 4050 Mönchengladbach 2;
- Verband Islamischer Jugendzentren e. V., Em.-von-Kettler-Str. 47, 4730 Ahlen;
- Dscherrachi-Tariqa (Sufi-Archiv-Deutschland) e. V., Dorfstraße 63, O−7971 Trebbus;
- (Islamisches) Institut zur Erforschung von Wirtschafts- und Sozialordnungen e. V., Merheimer Straße 229, 5000 Köln 60;
- Union der Türkisch-Islamischen Kulturvereine in Europa e. V., Münchener Straße 51, 6000 Frankfurt/Main 1;
- Moslemisches Sozialwerk für Europa e. V. (Moslemische Kollegenschaft im DGB), Merheimer Straße 229, 5000 Köln 60;

- Islamische Föderation Hamburg e. V., Böckmannstraße 40, 2000 Hamburg 1;
- AMGT-Jugendorganisation, Merheimer Straße 229, 5000 Köln 60;
- Zentralinstitut Islam-Archiv-Deutschland e. V., Am Kuhfuß 8, 4770 Soest.

Insgesamt organisiert der Islamrat etwa 140 000 Mitglieder in 420 Gemeinden.

Dagegen ist der *Verband der Islamischen Kulturzentren* am 22. April 1988 wieder aus dem Islamrat ausgeschieden, da er dessen auf Integration gerichteten schulpolitischen Entscheidungen nicht mittragen konnte und wollte. Außerdem lehnte es der Verband ab, seine politischen Ziele offenzulegen.

2. Sammlung der gesellschaftspolitischen Stellungnahmen des Islamrates

Die Deutsche Sektion des Islamischen Weltkongresses (Islamischer Weltkongreß Deutschland e. V.), die als Motor und Vorläufer des Islamrates bezeichnet werden muß, hat seit 1983 zahlreiche gesell-schaftspolitische Stellungnahmen verabschiedet. In ihnen spiegeln sich die Bemühungen auch des Islamrates für die Bundesrepublik Deutschland um ein zeitgemäßes Gesellschaftsverständnis in einer pluralistisch strukturierten Umwelt. Dieses gilt um so mehr, als sich der Rat am 16. Dezember 1990 diese Stellungnahmen des Islamischen Weltkongresses zu eigen gemacht hat:

»Erklärung der Deutschen Sektion des Islamischen Weltkongresses
für die Einheit der islamischen Gemeinden,
für die Anerkennung der verfassungsmäßigen Ordnung
und für Frieden und Zusammenarbeit vom 7. Januar 1983
(Rintelner Erklärung)

Die Deutsche Sektion des Islamischen Weltkongresses begrüßt alle Bemühungen um die Einheit der Moslems in unserem Lande. Sie betont zugleich die Notwendigkeit, die vom Grundgesetz für die Bundesrepublik Deutschland vorgeschriebenen Regeln des Zusam-menlebens anzuerkennen. Ein Zusammenschluß von Gemeinden kann nur dann ein erfolgreicher Schritt zur öffentlich-rechtlichen

Anerkennung des Islam sein, wenn er ausschließlich Gruppierungen umfaßt, die sich zu der Verfassung unseres Landes bekennen.

Angesichts der angespannten internationalen Lage unterstreicht die Deutsche Sektion des Islamischen Weltkongresses das Friedensgebot des Koran. Sie bekennt sich zum Friedensappell des Generalsekretärs des Islamischen Weltkongresses, Dr. Inamullah Khan, und ruft alle Moslems in unserem Lande zu seiner aktiven Unterstützung auf.

Dem Appell zufolge ist der Islamische Weltkongreß im Interesse des Friedens zur Zusammenarbeit mit allen internationalen Organisationen und Vereinigungen bereit. Der Islamische Weltkongreß bemüht sich entsprechend den Zielen des Islam, die Idee einer weltumspannenden Menschheitsfamilie zu verwirklichen, in der jeder Mensch ohne Unterschied von Rasse, Hautfarbe, Religionszugehörigkeit oder Bekenntnis die gleichen Entwicklungsmöglichkeiten und das uneingeschränkte Recht auf ein ehrenhaftes Leben in Freiheit hat.

Die Deutsche Sektion des Islamischen Weltkongresses sieht mit diesem Aufruf auch den Rahmen für das Zusammenleben verschiedener Religionen und Gemeinschaften in der Bundesrepublik Deutschland abgesteckt. Hier wird ein Weg zu einer friedlichen Welt aufgezeigt, auf dem wir arbeiten.«

»Grundsatzerklärung von Witten

Die Deutsche Sektion des Islamischen Weltkongresses steht in der über zweihundertfünfzigjährigen Tradition des Islam in Deutschland, die 1731 mit der Aufstellung der ersten moslemischen Einheit der preußischen Armee ihren Anfang nahm.

Seit dieser Zeit sind die Moslems mit der Staatsangehörigkeit eines deutschen Staates immer in die jeweilige soziale und politische Ordnung ihrer Heimat integriert gewesen.

Auch heute bejahen die deutschen Moslems, die sich in der Deutschen Sektion des Islamischen Weltkongresses als religiöser Gemeinschaft zusammengeschlossen haben, die vom Grundgesetz für die Bundesrepublik Deutschland vorgesehenen Rahmenbedingungen für ihr religiöses und soziales Engagement als geeignete Voraussetzungen, um gemäß ihrem Glauben und ihren Verpflichtungen leben zu können.

Das Gesicht des Islam im westlichen Deutschland ist heute vorherrschend durch die Zuwanderung von fast zwei Millionen Moslems ausländischer Staatsangehörigkeit gekennzeichnet, die überwiegend dem osmanischen Kulturkreis entstammen. Diese Moslems haben sich vielfach Organisationsstrukturen geschaffen, die ihrer jeweiligen nationalen Herkunft entsprechen. Auf die Frage, ob und wie eine Integration in die hiesige Gesellschaft möglich und wünschenswert ist, wurde von ihnen noch keine abschließende Antwort gegeben.

Gleichwohl muß davon ausgegangen werden, daß ein großer Teil dieser Moslems auf Dauer in Deutschland bleiben wird.

Vor diesem Hintergrund ist es die Aufgabe der deutschen Moslems, von ihren Bürgerrechten im Interesse aller Moslems in Westdeutschland und Westberlin Gebrauch zu machen und die organisatorische Infrastruktur für die integrationswilligen Moslems zu schaffen.

In diesem Zusammenhang erinnerten die Teilnehmer der 52. Jahresversammlung der Deutschen Sektion des Islamischen Weltkongresses an den Einigungsbeschluß vom 27. März 1933. Damals verpflichteten sich sämtliche in Deutschland bestehenden moslemischen Gemeinden, der am 31. Oktober 1932 gegründeten Deutschen Sektion beizutreten. Für nichtdeutsche Moslem-Organisationen sollte heute überdies die Möglichkeit von Assoziationsverträgen an die Deutsche Sektion geschaffen werden.

Die Vertretung des Islamischen Weltkongresses nach außen soll künftig entsprechend dem Selbstverständnis der Deutschen Sektion als nationale Abteilung und unter Berücksichtung der juristischen Notwendigkeiten ausschließlich durch Moslems mit deutscher Staatsangehörigkeit erfolgen.

Witten (Ruhr), am 12. Mai 1984«

»Bekenntnis und Auftrag — Erklärung von Soest

Die Deutsche Sektion des Islamischen Weltkongresses bekennt sich zum Islam der Väter und betrachtet sich als untrennbares Glied der moslemischen Glaubensfamilie, die durch ihre Mutterorganisation — den Islamischen Weltkongreß — verkörpert wird.

Sie ist sich ihres reichen Erbes und ihrer unlösbar mit der deutschen Kulturlandschaft verbundenen Geschichte bewußt, und sie bekennt sich ausdrücklich zu diesem Erbe und zu dieser Geschichte.

Die Deutsche Sektion des Islamischen Weltkongresses ruft alle deutschen Moslems auf, sich ihrer Geschichte und des aus ihr entstehenden Auftrages zu besinnen. Wenn wir die Einheit der islamischen Völker wollen, dann müssen wir zunächst unsere eigene Einheit verwirklichen und die bestehenden Gruppeninteressen überwinden.

Die Deutsche Sektion des Islamischen Weltkongresses bekennt sich zur Begegnung mit Menschen anderen Glaubens. Sie betrachtet das interreligiöse Gespräch als wichtigen Beitrag der Religionen für den Frieden in der Welt. Um diesen Beitrag leisten zu können, muß aus dem Dialog der Worte ein Dialog der Taten werden; denn nur das »Wetteifern miteinander in guten Werken« (Sura 5:49) kann die Welt zum Guten verändern.

Dialog der Religionen setzt voraus, daß die Partner sich gleichberechtigt annehmen (Sura 3:65), im Streben nach Gerechtigkeit, Wohlfahrt, Frieden und Harmonie. Profilsucht, Unaufrichtigkeit und Herrschaftsstreben sind der Tod jeglicher interreligiöser Arbeit.

Die Deutsche Sektion des Islamischen Weltkongresses bekennt sich zur Glaubensfreiheit und zur unbeschränkten Freiheit der Religionsausübung für alle Menschen, gleich welcher Rasse, Nationalität, Hautfarbe oder Sprachgemeinschaft (Sura 2:257 u. a.). Insbesondere sollten die Rechte religiöser Minderheiten geschützt werden, in welchem Land sie auch immer leben.

Die Deutsche Sektion des Islamischen Weltkongresses lehnt Mission unter Andersgläubigen und Proselytenmacherei als Eingriff in die Rechte Gottes und die Freiheitsrechte des Menschen ab (Sura 10:100 f. u. a.). Nur Gott allein kann Menschen zu Sich ziehen.

Allerdings bekennt sich die Deutsche Sektion zu der allen Moslems anvertrauten und aufgegebenen Verpflichtung, überall und immer wieder, unterschiedslos alle Menschen an Gott zu erinnern, für Ihn Zeugnis abzulegen und für die Rechte Gottes in der Welt einzutreten (Sura 16:126, 22:79).

Soest, 19. August 1984«

»Erklärung von Berlin

Die Teilnehmer des 1. Islam-Seminars der Deutschen Sektion des Islamischen Weltkongresses haben sich auch mit dem Problemkreis Anerkennung des Islam als Körperschaft öffentlichen Rechtes in Deutschland befaßt. Sie bedauern, daß die staatlichen Instanzen und politischen Parteien bei der Behandlung dieser Frage stets und ausschließlich von ausländerrechtlichen Gesichtspunkten ausgehen, ohne zu berücksichtigen, daß es auch einen einheimischen Islam gibt.

Die Teilnehmer sind davon überzeugt, daß die deutschen Moslems ein vom Grundgesetz verbrieftes Recht darauf haben, daß ihre Religionsgemeinschaft — der Islam — als Körperschaft öffentlichen Rechtes anerkannt wird.

Der weltanschaulich-neutrale Staat des Grundgesetzes und der Länderverfassungen ist seinen Bürgern gegenüber – unbeschadet ihrer Religionszugehörigkeit – zur strikten Einhaltung des Gleichbehandlungsgrundsatzes verpflichtet. Es ist daher nicht einsichtig, daß den Moslems deutscher Nationalität auf Dauer die Rechte vorenthalten werden, die beispielsweise der griechisch-orthodoxen Kirche zugebilligt worden sind, obgleich es sich bei den Gläubigen dieser Religionsgemeinschaft überwiegend um nichtdeutsche Bürger handelt.

Die Teilnehmer des Islam-Seminars betonen in diesem Zusammenhang ausdrücklich, daß sie nicht etwa gegen die Zuerkennung der öffentlichen Körperschaftsrechte an andere Religionsgemeinschaften sind. Es geht ihnen vielmehr lediglich darum, ihren Staat und seine Verwaltung daran zu erinnern, daß sich rund 50 000 deutsche Bürger als Moslems bekennen, ohne daß ihre Gemeinschaft mit den anderen Religionsgesellschaften gleichgestellt wäre.

Die in den Empfehlungen der Kultusministerkonferenz über die Verleihung der öffentlichen Körperschaftsrechte an Religionsgesellschaften und Weltanschauungsvereinigungen vom 12. März 1954 geforderte *Gewähr der Dauer* beantwortet sich zum einen aus der Geschichte des Islam in Deutschland; zum anderen kann beispielsweise die Deutsche Sektion des Islamischen Weltkongresses auf eine über fünfzigjährige Geschichte als älteste noch bestehende islamische Religionsgemeinschaft auf deutschem Boden verweisen.

Ihre Ersteintragung als religiöser Verein erfolgte am 31. Mai 1933 unter der Nr. 95 VR 9828 in das Vereinsregister beim Amtsgericht in Berlin-Lichterfelde.

Die Verfassung der Deutschen Sektion macht zudem deutlich, daß es sich bei ihr um eine deutsche islamische Religionsgemeinschaft handelt. Auch von daher ist die *Gewähr der Dauer*, wie sie in Ziffer 2 (b), Abs. 1 der Empfehlungen der KMK formuliert ist, gewährleistet.

Die Teilnehmer sind zudem der Auffassung, daß die in Ziffer 2 (b), Abs. 2 aufgestellte Bedingung hinsichtlich der *Zahl der Mitglieder* und die damit verbundene übliche Richtwertangabe für den Islam nicht rechtsrelevant ist. Sie verweisen in diesem Zusammenhang auf den Grundgesetzkommentar von Maunz-Dürig, demzufolge in der Rechtslehre die Auffassung vertreten wird, daß die Zahl der Mitglieder einer Religionsgemeinschaft für ihre Anerkennung dann ohne Bedeutung ist, wenn diese Religionsgemeinschaft in ausländischen Staaten von Bedeutung ist. Diese Bedeutung dürfte beim Islam außer Frage stehen.

Die Tatsache, daß die Existenz eines der deutschen Kulturlandschaft zugehörenden Islam weitgehend ignoriert wird, läßt bei den Teilnehmern des Islam-Seminars den Verdacht aufkommen, daß bestimmte gesellschaftliche Gruppierungen die öffentlich-rechtliche Anerkennung des Islam und damit seine Gleichstellung mit den anderen Glaubensgemeinschaften um jeden Preis verhindern möchten.

Wir protestieren als deutsche Staatsbürger islamischen Glaubens gegen derartige Versuche, uns in unseren Rechten zu beschneiden und fordern den Islamischen Weltkongreß auf, an der Forderung nach Anerkennung festzuhalten und sie mit allen legalen Mitteln durchzusetzen.

Berlin, 24. November 1984«

»Islam und Arbeit

Aus tiefer Sorge um die zunehmende Arbeitslosigkeit in der Bundesrepublik Deutschland, von der neben den deutschen auch die ausländischen Arbeitnehmer islamischen Glaubens und ihre Familien betroffen sind, haben die Vertretung des Islamischen Weltkongresses in der Bundesrepublik und der Vorstand der Deutschen Sektion des Islamischen Weltkongresses am 20. Februar 1988 folgende

Stellungnahme

zum Problem der Arbeitslosigkeit in der Bundesrepublik Deutschland verabschiedet:

1. Gott hat dem Menschen vor seinen anderen Geschöpfen Würde verliehen und ihn zu seinem Statthalter auf der Erde eingesetzt. Der Mensch soll bewußt und gläubig entsprechend Gottes Geboten in der Schöpfung handeln und sich als Teil der Schöpfung verstehen. Auf diese Weise gliedert er sich harmonisch in sie ein und wirkt an ihrer weiteren Entwicklung und Veredelung wie auch an seiner eigenen geistigen und seelischen Entfaltung mit.

2. Der Mensch ist zugleich ein körperliches und ein geistig-seelisches Wesen. Während des irdischen Lebens stehen Körper und Seele in einem unauflöslichen Wechselverhältnis. Der Körper ist Teil der Natur und existiert gemäß den Gesetzen der Natur. Als Teil der Natur steht er mit der übrigen materiellen Schöpfung in einem Stoffwechselprozeß. Arbeit ist der Teil dieses Prozesses, in dem der Mensch sich Naturdinge aneignet und in eine Form bringt, die der Befriedigung seiner Bedürfnisse entspricht. Zur Arbeit gehören auch die für den unmittelbaren Arbeitsprozeß notwendigen administrativen, sozialen und kulturellen Aktivitäten. Durch die Teilhabe am gesellschaftlichen Arbeitsprozeß erwirtschaftet der

Mensch nicht nur seinen Lebensunterhalt, er füllt mit der Arbeit einen wesentlichen Teil seiner Rolle als Statthalter Gottes in der Schöpfung aus.

3. Durch Arbeitslosigkeit wird dem Menschen verwehrt, einen wesentlichen Teil der Aufgaben zu verwirklichen, die Gott ihm zugewiesen hat. Durch Arbeitslosigkeit wird dem Menschen verwehrt, für seinen Lebensunterhalt zu arbeiten, er wird von anderen abhängig und bedürftig. Arbeitslosigkeit wirkt sich in der Form psychischer und psychosomatischer Erkrankungen auf die Gesundheit der Betroffenen aus. Aus all diesen Gründen widerspricht Arbeitslosigkeit der von Gott verliehenen Menschenwürde. Es ist eine Verletzung der Rechte Gottes und der Menschen, soziale und wirtschaftliche Strukturen zu schaffen, zu konservieren oder zu tolerieren, die ohne Arbeitslosigkeit nicht existieren können.

4. Der Koran stellt den geistigen und seelischen Aspekt menschlicher Existenz über ihren materiellen Aspekt. Gleichwohl hält er die Gläubigen an, nach der Verrichtung ihrer religiösen Pflichten auf ehrliche Art ihren Lebensunterhalt zu erarbeiten.* Der Prophet Mohammad ermahnte seine Gefährten, für diese Welt zu arbeiten, als sollten sie ewig in ihr leben, und für das zukünftige Leben nach dem Tode, als sollten sie anderntags sterben. Gottesdienst geschieht auch, indem sich der gläubige Mensch seiner Verantwortung für die Schöpfung stellt. Auch die menschliche Gesellschaft ist Schöpfung unter Verantwortung des Menschen.

5. In der Allgemeinen Islamischen Menschenrechtserklärung heißt es, niemand dürfe die Möglichkeit zu arbeiten verwehrt werden. Alle Menschen hätten das Recht, im Rahmen des Gesetzes ihren Lebensunterhalt zu verdienen. Alle Produktionsmittel sollten im gesamtgesellschaftlichen Interesse genutzt werden, die Nutzung des Eigentums an ihnen dürfe den Interessen der Gesellschaft nicht zuwiderlaufen und die islamischen Grundwerte und Grundnormen nicht verletzen. Das Engagement des Islam und der Moslems im sozialen und wirtschaftlichen Bereich zielt auf die praktische Verwirklichung eines Optimums an Gerechtigkeit. Wenn es dabei von jeher eine grundlegende Forderung war, den Reichtum gerecht zu verteilen, dann muß es heute eine vorrangige islamische Forderung sein, die Arbeit gerecht zu verteilen.

* Der Koran, Sura 62, Verse 9 ff.;

6. Die islamische Sozialethik geht gleich dem Grundgesetz für die Bundesrepublik Deutschland von der Gewährleistung des Eigentums aus, welches zugleich jedoch einer strengen Sozialbindung unterliegt.[1] Die islamische Auffassung, daß Schlüsselbereiche der Wirtschaft, die einer Minderheit eine Kontrolle über die gesamte Gesellschaft ermöglichen, gemeinschaftliches Eigentum aller sein sollen,[2] wird durch Artikel 15 des Grundgesetzes legitimiert.[3] Dessen Bestimmungen sind auch von Bedeutung, wenn sich Betroffene gegen diejenigen wehren, die ihr Kapital zu sozialschädlichen Zielsetzungen mißbrauchen.[4] Der Islam lehnt die vorrangige Ausrichtung des Wirtschaftsprozesses am individuellen Gewinnstreben ab und fordert statt dessen seine maßgebliche Ausrichtung an moralischen, ökologischen und sozialen Werten. Nur dadurch ist der letztliche Zweck des Arbeitsprozesses realisierbar: selbst

1 Art. 14 GG
   (a) Das Eigentum und das Erbrecht werden gewährleistet. Inhalt und Schranken werden durch die Gesetze bestimmt.
   (b) Eigentum verpflichtet. Sein Gebrauch soll zugleich dem Wohle der Allgemeinheit dienen.
2 (c) Eine Enteignung ist nur zum Wohle der Allgemeinheit zulässig ...;
   »Obwohl das Privateigentum im Islam unantastbar ist, stellt es in der Tat nur eine soziale Funktion dar. Der Besitz von etwas ist folglich nur ein scheinbarer und gewissermaßen fiktiver. Der Eigentümer ist in Wirklichkeit nur Besitzer im Interesse der Allgemeinheit. Man darf nicht vergessen, daß der Prophet auf angemessene Weise für die Bedürfnisse der Menschen nach unentbehrlichen Gütern Sorge tragen wollte. Drei Gruppen dieser Güter sollen Teil des Gemeineigentums sein: Wasser, Weideland und Feuer ... Der Prophet ... (schlug) sie dem gemeinschaftlichen Besitz zu und (machte) so jedes Mitglied der Gemeinschaft zum Teilhaber. Es braucht nicht eigens betont zu werden, daß dieses Teilhaberrecht sich in unserer Zeit soweit ausgedehnt hat, daß es alle Produkte, Energien und Ressourcen miteinschließt, die wesentlich und notwendig sind für das Leben, die Entwicklung und Entfaltung der Gemeinschaft.« (Shaikh Dr. Soubhi Al-Saleh)
3 Art. 15 GG
   Grund und Boden, Naturschätze und Produktionsmittel können zum Zwecke der Vergesellschaftung durch ein Gesetz, das Art und Ausmaß der Entschädigung regelt, in Gemeineigentum oder in andere Formen der Gemeinwirtschaft überführt werden ...
4 Der Koran, Sura 2, Verse 278 f.

optimale Bedingung zu sein und zugleich mit seinen Produkten optimale Bedingungen zu schaffen für die geistige und seelische Höherentwicklung des gläubigen Menschen.

7. In unserer säkularen und pluralistischen Gesellschaft sind keine bestimmten Werte vorgegeben. Die in Gesellschaft, Politik, Wirtschaft und Kultur dominierenden Werte ergeben sich als Resultante aus dem Wirken der unterschiedlichen gesellschaftlichen Organisationen und Bewegungen, insbesondere der Religionsgemeinschaften. Deshalb ist auch der Islam in der Bundesrepublik Deutschland gefordert, seinen Beitrag in die Diskussion gesellschaftlicher Fragen einzubringen.«

Grundlagen des Dialogs zwischen Christen und Moslems

1. Christen und Moslems sind die beiden größten Glaubensgemeinschaften in der heutigen Welt. Milliarden Christen und Moslems vereint der Glaube an den Einen Gott und die Verantwortung für die Bewahrung der Schöpfung sowie für den Schutz der Rechte Gottes und der Menschen.

2. Diese Feststellung erlangt vor dem Hintergrund der weltweiten Krisen der Gegenwart eine besondere Bedeutung. Die Menschheit kann ihrem von Gott gestellten Auftrag nur gerecht werden, sie kann nur dann ihr Überleben als Voraussetzung ihres Dienstes an Gott im Rahmen der Schöpfung bewahren, wenn sie gemeinsam, als eine Familie den Herausforderungen der heutigen Zeit begegnet.

3. Die Menschheitsfamilie kann den Fragen der militärischen Sicherheit, der Bewahrung des ökologischen Gleichgewichts, des Elends in weiten Teilen des Planeten sowie den Herausforderungen der Entwicklung von Wissenschaft und Technik nur mit einheitlichem Handeln begegnen. Mochten die ethischen Postulate der göttlichen Offenbarungen über die Einheit und Solidarität der Menschheit in vergangenen Zeiten lediglich als allgemeine Richtwerte erscheinen, so sind sie in einer Welt, die militärisch, ökologisch, sozial, wirtschaftlich sowie verkehrs- und medienmäßig immer mehr zu einer Einheit verschmilzt, zu unmittelbaren Handlungsmaximen im Interesse des Überlebens geworden.

4. Unsere Zeit erfordert deshalb die Schaffung einer von allen Menschen akzeptierten globalen Ethik. Dies bedeutet nicht die Schaffung neuer ethischer Grundwerte und Grundnormen durch den

menschlichen Geist. Der Weg dorthin führt über die volle Entfaltung der Identität einer jeden Glaubensgemeinschaft. Dann wird neben dem Unterschiedlichen sich auch das Gemeinsame voll entfalten und deutlich werden.

5. Dadurch werden die Voraussetzungen für die Definition eines gemeinsamen Nenners aller Religionen und Weltanschauungen geschaffen, der die Fragen des Zusammenlebens in einer pluralistischen Welt zum Gegenstand hat. Hier ist nicht ein gemeinsamer Nenner der Glaubensinhalte gemeint, sondern das Gemeinsame in der Ethik, welches ein unverzichtbarer Beitrag ist für jenen weltweiten historischen Kompromiß der Staaten und Gesellschaftsordnungen, welcher einem gewaltfreien internationalen Wettbewerb Rahmen und Regeln setzt und damit zugleich Voraussetzungen für eine weltweite Zusammenarbeit schafft.

6. In diesen konkreten Zusammenhang ist der Dialog zwischen Christen und Moslems einzuordnen. Gott ermahnt uns im Koran, darin zu wetteifern, Gutes zu tun. Heute bedeutet dies, den besten Beitrag für eine weltweite friedliche Zusammenarbeit zu leisten. Glaubensunterschiede sollen konstatiert werden, dürfen aber nicht zum Hindernis für den gemeinsamen Dienst an der Menschheit erhoben werden. Denn auf derartige Fragen werden wir in dieser Welt keine Antwort bekommen. Gott will uns gerade darin prüfen, wie wir mit diesem Umstand fertig werden, trotz verschiedener Ausprägungen des Glaubens vernünftig miteinander umzugehen.

7. Gefordert ist ein respektvolles gegenseitiges Verhalten, bei dem der jeweils andere mit seiner Identität so angenommen wird, wie er ist. Das schließt aus, den Dialog zur Proselytenmacherei zu mißbrauchen. Auch darf nicht versucht werden, Angehörige der anderen Glaubensgemeinschaften durch das Versprechen oder die Gewährung materieller Vorteile zu einem Bekenntniswechsel zu motivieren. Dadurch wird ein Mißtrauen gesät, das die weltweite Zusammenarbeit unterminiert. In unserer heutigen Zeit kommt dies einem direkten Angriff auf das Überleben der Menschheit und unseres Planeten gleich.

8. Entsprechendes gilt für die Darstellung des jeweils anderen in der Literatur und in den Medien. Auch diese muß respektvoll erfolgen, der Andere muß sich in ihr wiedererkennen können. Und sie muß frei von missionarischer Absicht erfolgen, wenn Konfrontationen vermieden werden sollen.

9. Der Dialog muß dem gegenseitigen Kennenlernen und Verstehen und damit dem Frieden und der Zusammenarbeit dienen. Zugleich wächst am Erkennen der Unterschiede die eigene Identität. Auf keinen Fall darf Dialog zu Synkretismus oder eklektischen Anschauungen führen, gleichwohl kann er aber der wechselseitigen Befruchtung dienen mit dem Ziel der Förderung der geistigen Entwicklung eines jeden Bekenntnisses auf seiner eigenen Grundlage.

Soest, den 9. Februar 1989«

»Stellungnahme zur Ausländerfeindlichkeit

Aus tiefer Sorge um die zunehmende Ausländerfeindlichkeit in der Bundesrepublik Deutschland, von der auch die ausländischen Mitbürger islamischen Glaubens betroffen sind, haben die Vertretung des Islamischen Weltkongresses in der Bundesrepublik und der Vorstand der Deutschen Sektion des Islamischen Weltkongresses am 15. Februar 1989 folgende Stellungnahme zur Ausländerfeindlichkeit in der Bundesrepublik Deutschland verabschiedet:

1. Die Ausländerfeindlichkeit in unserem Land nimmt nicht nur zu, sie drückt sich auch in immer extremeren Formen aus. Je stärker soziale Probleme wie Arbeitslosigkeit und Wohnungsnot zunehmen, desto mehr verstärken sich Tendenzen, Ausländer als Konkurrenten oder gar Sündenböcke anzusehen. Das Ausländerbild gerät dabei zusehends zum Feindbild.

2. Die Ablehnung eines kommunalen Wahlrechts für Ausländer, die sich in den letzten Monaten zunehmend schärfer artikuliert, beinhaltet die Ablehnung der Zusammengehörigkeit von deutschen und ausländischen Mitbürgern.

3. Besorgniserregend ist das Anwachsen antiislamischer Ressentiments in der Öffentlichkeit. So wurde kürzlich von einer großen deutschen Versicherung im Zusammenhang mit einem Rechtsstreit geäußert, Moslems seien als Zeugen unglaubwürdig, weil sie von ihrem Glauben her nicht zur Wahrhaftigkeit verpflichtet seien. In derartigen unsubstantierten Ansichten drückt sich eine ablehnende Haltung gegenüber Mitbürgern islamischen Glaubens aus, die bis in die juristische Literatur ausstrahlt. So werden z. B. heute Fragen der Anerkennung des Islam als Körperschaft des öffentlichen Rechts im Zusammenhang mit der rechtlichen Verankerung »präventiver Repressionsmöglichkeiten« gegen moslemi-

sche Aktivitäten diskutiert; der Islam und die Moslems erscheinen hier als potentielle Bedrohung der demokratischen Ordnung. Dies hängt zum Teil auch damit zusammen, daß eine Bevölkerungsgruppe von 1,7 Millionen Menschen mit den Meinungen und Bestrebungen einer winzigen extremistischen Minderheit identifiziert wird, die ihrerseits durch ihre Deutschen-feindliche Haltung in der Gesellschaft Angstreaktionen provoziert.

Notwendig ist, Vorurteile und Ressentiments durch entsprechende Programme in den Medien und im Bildungswesen zu überwinden, notwendig sind Gespräche und Begegnungen von Menschen unterschiedlichen Glaubens.

4. Die Mehrheit der Moslems in der Bundesrepublik Deutschland will in diesem Land in Frieden und in Treue zur Rechtsordnung leben. Menschenwürdige Lebensbedingungen sind aber nur dann gewährleistet, wenn der Ausländerfeindlichkeit von allen demokratischen Kräften in der Gesellschaft einheitlich entgegengetreten wird. Minderheitenfragen sind als Wahlkampfthemen ungeeignet. Es kommt darauf an, die Menschenrechte für Inländer und Ausländer in der Bundesrepublik gleichermaßen zu garantieren.«

»Islam und Grundgesetz

Vor dem Hintergrund der Diskussion über die Frage, welche Verpflichtungen sich für die Moslems in der Bundesrepublik Deutschland aus der Scharia gegenüber der verfassungsmäßigen Ordnung ergeben, haben die Vertretung des Islamischen Weltkongresses in der Bundesrepublik und die Deutsche Sektion des Islamischen Weltkongresses am 24. September 1989 die folgende Stellungnahme verabschiedet:

Islam und säkularer Staat

In der Bundesrepublik Deutschland und West-Berlin leben 1,7 Millionen Moslems. Sie bekennen sich zur Religion des Islam. Der Begriff Islam umfaßt sowohl die Hingabe an Gott und seinen Willen als auch das dadurch erlangte Heil und den Frieden in Gott. Moslem zu sein bedeutet nicht nur, an Gott zu glauben, sondern auch seine Gebote praktisch zu befolgen. Der Islam ist zugleich Glaube und Lebenshaltung. Man kann nicht zugleich Moslem und ein politisch und gesellschaftlich gleichgültiger inaktiver Mensch sein.

Die politischen und gesellschaftlichen Rahmenbedingungen in der Bundesrepublik sind durch den säkularen Charakter des Staates wesentlich mitgeprägt. Der säkulare Staat ist ein nicht konfessionsgebundenes Gemeinwesen, das gleichwohl die Bedeutung der Religionsgemeinschaften und ihren Beitrag zur Verankerung von sozialethischen Grundwerten und Grundnormen in der Gesellschaft wegen ihres hohen Stellenwerts für die politische und gesellschaftliche Stabilität anerkennt. Deshalb bejaht und sucht der säkulare Staat den Dialog mit den Religionsgemeinschaften.

Die Scharia

Grundlage des islamischen Beitrages ist das geoffenbarte Wort Gottes, der Koran. Sein Inhalt kann in drei Ebenen eingeordnet werden: a) die Ebene des Glaubens, b) die Ebene des Brauchtums, c) die Ebene des Verfahrens. Zur ersten Ebene gehören die Glaubensartikel wie die Einheit Gottes, die göttliche Offenbarung durch den Mund des Propheten, die Auferstehung, das Jüngste Gericht, die Bestrafung der Sünden und die Erlösung. Die Glaubensartikel sind unveränderbar und ewig gültig. Das ist beim Brauchtum anders. So sind z. B. Gebet und Fasten keine ewigen Wahrheiten, sondern erst in der Zeit durch den Befehl Gottes eingeführt worden; die Menschen sind angehalten, sie einzuhalten. Die Ebene des Verfahrens betrifft den Teil der islamischen Lehre, der das ›profane‹ Leben ordnet.

Die Inhalte der Offenbarung, die dem Menschen zeigen, wie er sich gegenüber Gott und den Menschen verhalten soll, sind in der Scharia zusammengefaßt. Der Begriff Scharia bedeutet den Weg zur Quelle des Heils.

Bei der Interpretation der Scharia ist zuerst auf die Sunna des Propheten, auf das, was über sein Verhalten und von seinen Äußerungen überliefert ist, zurückzugreifen.

Die Position der Islamisten (Islamiyya)

Das Bekenntnis zur Scharia und ihre praktische Befolgung sind ein unaufgebbares Identitätsmerkmal eines jeden Moslems. Gleichwohl gibt es unter den Gläubigen des Islam einen Dissens darüber, wie die Scharia auf der Ebene des Verfahrens anzuwenden sei.

Eine Tendenz unter den Moslems geht von einem im Koran, in der Sunna und in der Lebenspraxis der moslemischen Frühgemeinde vorgegebenen islamischen Staats- und Gesellschaftsmodell aus. Dieses gelte es, in unserer Zeit wiederherzustellen, notfalls müsse es der heutigen Gesellschaft gewaltsam ›übergestülpt‹ werden. Diese Forderung wird auch für die Bundesrepublik Deutschland erhoben, vor der Islamisierung der ganzen Nation soll freilich nur das »islamische Ghetto« der Scharia als Gruppen- und Minderheitenrecht unterworfen werden.

Die Anhänger derartiger Positionen werden in den Medien i. d. R. ›Fundamentalisten‹ genannt. Diese Bezeichnung ist schon deshalb irreführend, weil sie unterstellt, nur diese Tendenz würde auf den ›Fundamenten‹ des Glaubens aufbauen. Auch der Begriff ›restaurative Kräfte‹ ist mit Vorsicht zu benutzen, denn es bleibt kritisch zu fragen, ob das, was wiederhergestellt werden soll, so jemals in der Geschichte existiert hat. Die Anhänger dieser Richtung bezeichnen sich selbst gern als ›Islamisten‹, um so auszudrücken, daß das ›islamische Modell‹ ihrer Auffassung zufolge die Alternative zu Theorie und Praxis des Kapitalismus wie des Kommunismus sein soll.

Der Standpunkt der Liberalen

Die Islamisten knüpfen daran an, daß die frühesten Grundlagen eines islamischen Politik- und Staatsverständnisses mit der Auswanderung des Propheten nach Medina in Erscheinung traten, um sich dann zu akzentuieren und zu entwickeln. Mit der Zeit nahmen sie unter ökonomischen wie sozialen Gesichtspunkten den Charakter von rechtlichen Vorschriften für die effektive Organisation des Staatslebens an. Dabei ging und geht es dem Islam jedoch nicht um die Organisierung eines bestimmten politischen oder sozialökonomischen Systems als vielmehr darum, eine Gemeinschaft außergewöhnlicher Art zu bilden, um die Rechte Gottes auf Erden zu wahren. Diese Gemeinschaft soll sich an den Grundwerten und Grundnormen der Scharia orientieren.

Grundwerte sind grundlegende Aussagen über den Stellenwert eines Teils der Schöpfung gegenüber Gott oder der übrigen Schöpfung. Dazu gehören z. B. die Gleichwertigkeit aller Menschen, die Pflicht zur Gerechtigkeit, auch wenn dies die Überwindung von Haß oder Habgier voraussetzt, die Würde des Menschen als Statthalter Gottes, die Verurteilung sozialer Ungerechtigkeit und das Verbot des Zwanges in Glaubensdingen.

Grundnormen sind allgemein gefaßte Regelungen, die in einem jeweiligen historischen und sozialen Umfeld der Konkretisierung bedürfen. Hierzu gehören das Gebot, gesellschaftliche Angelegenheiten durch soziale Beratung zu regeln, das Wucherzinsverbot, die Regeln über die Behandlung der sozial Abhängigen sowie die familien- und erbrechtlichen Bestimmungen. Grundwerte und Grundnormen sind entweder expressis verbis formuliert oder in konkreten zeit- und umständebezogenen Handlungsanweisungen enthalten. Sie gehören zum Bereich der Ethik, sie stellen ein Geflecht von Prinzipien und Regeln dar, um das Verhalten zu leiten und zu bewerten. Durch die konkrete Anwendung ethischer Grundaussagen auf eine jeweilige Wirklichkeit entwickelt sich ein dieser Wirklichkeit adäquates System moralischer Regeln. Ethik und Moral sind zwei verschiedene Ebenen der Abstraktion bzw. Konkretion. Beide sind notwendig, denn — wie der marokkanische Gelehrte Lahbabi einmal sagte —: ›Eine nur abstrakte Wahrheit, die sich nicht auf einen konkreten Kontext bezieht, keine Beziehung zur lebendigen zeitgenössischen Wirklichkeit hat, die ist buchstäblich nicht wahr.‹

Integration ist nicht islamfeindlich

Ein derartiges Herangehen bietet den Moslems in der Diaspora einen fruchtbaren Ansatz, um sich nicht nur in die Gesellschaft einzugliedern, sondern auch einen originären islamischen Beitrag zu ihrer Weiterentwicklung zu leisten. Dieser Beitrag fließt dabei in einen politischen Entscheidungsprozeß ein, an dessen Ende notwendigerweise die Rechtssetzungen eines säkularen Staates, nicht aber die unmittelbare Anwendung der Scharia durch moslemische Entscheidungsträger steht. Für die hanafitische Rechtsschule des sunnitischen Islam, die in der Bundesrepublik vorherrschend ist, hat dies allerdings noch nie ein ›Dilemma‹ bedeutet; nach ihrer Auffassung ist ein Staat, der den Moslems Rechtssicherheit gewährleistet, nicht islamfeindlich, und die Moslems schulden ihm schon allein aus diesem Grunde Loyalität und die Einhaltung der Gesetze.

Der säkulare Staat in der Bundesrepublik Deutschland fordert von den Moslems Integration, nicht aber Assimilation. Assimilation bedeutet Angleichung mit dem Ziel der Gleichwerdung. Sie liegt vor, wenn ein Moslem z. B. zum Christentum konvertiert; mit der Aufgabe der eigenen Glaubensgrundlagen geht notwendig eine Abkehr von den islamischen Grundwerten einher; eine assimilierte Persönlichkeit wird keinen originären islamischen Denkanstoß in die Gesellschaft hineintragen, sondern sich damit begnügen, bereits vorhandene Bestrebungen zu unterstützen. Durch Assimilation wird eine (als

System zu begreifende) Gesellschaft nur qualitativ vergrößert. Demgegenüber bedeutet Integration einen quantitativen Entwicklungssprung sowohl für die zu integrierende Gruppe bzw. Persönlichkeit als auch für die Gesellschaft im Ganzen.

Integration bedeutet Eingliederung unter Bewahrung des Wesenskerns der eigenen Identität. In die Gesellschaft fügt sich ein neues Element ein, das das Feld und den Inhalt der Interaktion sozialer Faktoren erweitert. Durch Integration einer moslemischen Bevölkerungsgruppe entwickelt sich eine überwiegend vom Christentum geprägte Gesellschaft zur multikulturellen Gesellschaft. Umgekehrt entwickelt sich die moslemische Gemeinschaft in eine von dem konkreten Interaktionsprozeß geprägte, spezifisch geformte Gruppe. Es handelt sich bei der Integration und dem Übergang zur multikulturellen Gesellschaft um eine Entwicklung, die Anpassungen und Veränderungen bei der Mehrheit wie bei der Minderheit voraussetzt.

Islam und Menschenrechte

Während seines Besuchs in der Bundesrepublik Deutschland im November 1988 erklärte der Generalsekretär des Islamischen Weltkongresses, Dr. Inamullah Khan, die Entwicklung der Menschenrechte, die in der Formulierung der ›Vier Freiheiten‹ durch Franklin Delano Roosevelt und in der Menschenrechtserklärung der Vereinten Nationen ihren Höhepunkt erfahren habe, finde ihren Ausgangspunkt in den Lehren des Korans und der Abschiedspredigt des Propheten. Die ›Vier Freiheiten‹, an denen auch die UNO-Menschenrechtserklärung anknüpft, stellen mithin einen möglichen Konsens für das Zusammenleben in einer multikulturellen Gesellschaft dar. Im einzelnen sind es:

1. die Freiheit der Rede und Meinungsäußerung;
2. die Freiheit eines jeden, Gott auf seine Weise zu dienen;
3. die Freiheit von Not;
4. die Freiheit von Furcht (vor Krieg und Gewalt).

Mit den ›Vier Freiheiten‹ ist ein Ansatz gegeben, der in seiner vollen Entfaltung mit dem Inhalt der ›Allgemeinen Islamischen Menschenrechtserklärung‹ vom 19. September 1981 übereinstimmt. Dieses Menschenrechtsverständnis ging auch der Gründung der Bundesrepublik Deutschland und der Formulierung ihres Grundgesetzes voraus. Zugleich geht es jedoch − in Übereinstimmung mit der Sozialethik des Islam – im sozialen Bereich über das hinaus, was im Grundgesetz als Mindestforderung im Sozialstaatsgebot enthalten und bis zum heutigen Tage realisiert worden ist.

Die Moslems und das Grundgesetz

Eine positive Einstellung zum Grundgesetz und zur verfassungsmäßigen Ordnung darf nicht mit einem Sich-Bescheiden mit den in der Verfassung geforderten Mindeststandards bei den Grundrechten oder gar einem Bekenntnis zur Politik der jeweiligen Regierung verwechselt werden. Loyalität gegenüber der Verfassung bedeutet gerade auch die Anerkennung jener positiven Möglichkeiten, die eine volle Entfaltung der Grund- und Menschenrechte einschließlich des Gebots zum demokratischen, Sozial- und Rechtsstaat in sich bergen. Moslems sollen ›Ja‹ sagen zum säkularen, pluralistischen und demokratischen politischen System wegen der Möglichkeiten, die es bietet, islamische Inhalte und Forderungen in den politischen Entscheidungsprozeß einzubringen. Moslems sollen mitarbeiten in Verbänden, Parteien und Parlamenten. Die optimalen Voraussetzungen dafür bietet nur ein säkulares, niemals aber ein religiös orientiertes, z. B. christliches Staatswesen.

Der Islam in der Diaspora braucht den säkularen Staat, die Demokratie und die Menschenrechte wie die Luft zum Atmen!«

3. Islamischer Arbeitskreis in Deutschland

Der Islamische Arbeitskreis in Deutschland versteht sich als »ein Handlungsorgan der dem Kreis angehörenden Organisationen, Institutionen und Einzelpersonen«. Nach seinem am 26. Mai 1991 erlassenen Arbeitsstatut befaßt er sich mit allen »die Moslems betreffenden islamischen Angelegenheiten und bildet eine gemeinsame und ständige Informations- und Gesprächsebene für die öffentlichen Interessen der Moslems«. Als Tätigkeitsbereiche werden in dem Arbeitsstatut genannt: Interne Beratung, Koordinierung der Interessen, gemeinsame Interessenvertretung gegenüber den zuständigen staatlichen und privaten Stellen sowie die Erarbeitung gemeinsamer Erklärungen, die für die Öffentlichkeit bestimmt sind. Auch der Arbeitskreis schreibt fest, daß seine Mitglieder ihre uneingeschränkte Autonomie und Bewegungsfreiheit behalten, daß sie aber gleichwohl keine eigenen Schritte in der Öffentlichkeit unternehmen, ohne den Arbeitskreis zu konsultieren.

Mitglieder des Arbeitskreises können nur solche Gruppierungen sein, die in Deutschland als islamische Religionsgemeinschaften bestehen und »nach außen als solche darstellbar« sind. Darüber hinaus nimmt der Arbeitskreis auch »islamische Einzelpersonen als Mitglieder auf, die aufgrund besonderer Fähigkeiten und Leistungen sowie besonderer Aktivitäten dem Arbeitskreis eine wesentliche Unterstützung bieten«.

Gegenwärtig gehören dem Islamischen Arbeitskreis in Deutschland folgende Organisationen an:

- Bundesverband für islamische Tätigkeiten e.V., Im Grotten 21, 5210 Troisdorf;
- Deutschsprachige Islamische Frauengemeinschaft (DIF), Merheimer Straße 229, 5000 Köln 60;
- Haus des Islam (HDI), Schillerstraße 46, 6129 Lützelbach;
- Islamische Föderation Berlin, Boppstraße 4, 1000 Berlin 61;
- Islamische Gemeinschaft in Deutschland (IGD), Hessestraße 12–14, 8500 Nürnberg;
- Islamische Gemeinschaft in Hamburg, Eppendorfer Landstraße 44, 2000 Hamburg 20;
- Islamische Religionsgemeinschaft Berlin, Neue Roßstraße 11, O-1020 Berlin;
- Islamisches Zentrum Aachen (IZA), Bilal-Moschee, Prof.-Pirlet-Straße 20, 5100 Aachen;
- Islamisches Zentrum München (IZM), Wallnerstraße 1–3, 8000 München 45;
- Islamisches Zentrum Hamburg e.V. (IZH), Schöne Aussicht 36, 2000 Hamburg 76;
- Union der Türkisch-Islamischen Kulturvereine in Europa e.V., Münchener Straße 51, 6000 Frankfurt/Main 1;
- Türkisch-Islamische Union der Anstalt für Religion (DITIB) e.V., Venloer Straße 160, 5000 Köln 30;
- Union der in europäischen Ländern arbeitenden Muslime (UELAM), Dellbrücker Hauptstraße 185 a, 5000 Köln 80;
- Union Muslimischer Studenten Organisationen in Europa (UMSO), Postfach 41 03 19, 5300 Bonn 1;
- Verband der Islamischen Kulturzentren e.V. (VIKZ), Vogelsanger Straße 290, 5000 Köln 30.

Zur *Islamischen Föderation in Berlin* gehört auch die dem Islamrat angehörende Berliner AMGT, die Zweidrittel der Mitglieder der Föderation stellt. Bei der *Islamischen Religionsgemeinschaft Berlin* handelt es sich um eine DDR-Gründung. Die Gemeinschaft war kurz vor dem Zusammenbruch des kommunistischen Regimes in Ostberlin gegründet und von der letzten DDR-Regierung protegiert worden. Das *Islamische Zentrum Hamburg* ist der geistliche Mittelpunkt des iranisch-schiitischen Islam in der Bundesrepublik. Die *Union der Türkisch-Islamischen Kulturvereine in Europa* gehört auch dem Islamrat an. Insbesondere die *Türkisch-Islamische Union der Anstalt für Religion* hebt sich von den übrigen Mitgliedern des Islamischen Arbeitskreises ab. Sie vertritt ein »laizistisches« Islam- und Gesellschaftsmodell, das von den übrigen Mitgliedern des Arbeitskreises strikt abgelehnt und offen bekämpft wird.

Der Arbeitskreis vertritt etwa 20 000 Mitglieder. Dabei ist allerdings anzumerken, daß 11 000 davon auf die Union der Türkisch-Islamischen Kulturvereine in Europa entfallen und somit auch in der Statistik des Islamrates auftauchen. Unberücksichtigt muß auch die Mitgliederzahl der Türkisch-Islamischen Union der Anstalt für Religion bleiben, da aus diesem Bereich kein konkretes Zahlenmaterial zu erhalten ist.

4. Das Islamische Konzil in Deutschland

Um seine besonderen Interessen zu wahren, hat Saudi-Arabien im Jahre 1990 in Frankfurt/Main ein eigenes *Islamisches Konzil in Deutschland* gegründet. Das Konzil hat keine festen organisatorischen Strukturen und auch keine Leistungsgremien. Es tritt immer dann zusammen, wenn es spezifisch islamisch-arabische Fragen zu diskutieren gilt. Zu den Veranstaltungen werden gewöhnlich alle in der Bundesrepublik bestehenden moslemischen Vereinigungen eingeladen. Dabei gibt es keinen Delegiertenschlüssel.

Organisatorisch ist das Islamische Konzil in Deutschland eng mit der Muhammad-Bin-Saud-Universität in Riadh verbunden, deren Rektor, Abdullah Al-Turki auch der Sprecher des Konzils ist. Die Federführung liegt bei der Islamischen Studentenvereinigung in Frankfurt/Main.

V. Kapitel

Der Einfluss der islamischen Weltorganisationen

Die islamischen Weltorganisationen haben die westeuropäische Diaspora in den letzten Jahren gewissermaßen unter sich aufgeteilt. Daß es dabei nicht immer friedlich-brüderlich zugegangen ist, bedarf hier keiner besonderen Erörterung. Wichtig zu wissen ist lediglich, daß ein Machtkampf stattgefunden hat bzw. immer noch stattfindet, der von Außenstehenden kaum wahrgenommen wird, der aber gleichwohl für das künftige Zusammenleben von Andersgläubigen und Moslems von schicksalhafter Bedeutung sein dürfte.

Es kann mit einiger Berechtigung festgehalten werden, daß der Islamische Weltkongreß bis zum Jahre 1991 die politischen und gesellschaftlichen Akzente für die islamische Minderheit in Deutschland gesetzt hat. Er hat von 1971 an offensiv die Politik der Öffnung des Islam zur deutschen Gesellschaft hin betrieben, zu der auch der Dialog mit den Kirchen gehörte. Diese »liberale« Haltung ist von Anfang an auf den Widerstand der außerhalb des Kongresses stehenden islamischen Gemeinschaften gestoßen. Die Mitglieder des Kongresses sind über Jahre hin als »Knechte der Kirchen« und als »Verräter an der Sache des Islam« im In- und Ausland diffamiert worden. Erst ab Mitte der achtziger Jahre »entdeckten« auch die anderen islamischen Gemeinschaften den Dialog, zu einer Zeit übrigens, als der Islamische Weltkongreß in bestimmten kirchlichen Kreisen bereits in »Ungnade« gefallen war, da er nach dem »Dialog der Worte einen Dialog der Taten« forderte und die rechtliche Gleichstellung und Gleichbehandlung mit den Kirchen.

Der Islamische Weltkongreß ist Mitbegründer zahlreicher christlich-islamischer Institutionen in der Bundesrepublik. Darunter die »Islamisch-Christliche Arbeitsgruppe zu Ausländerproblemen« (ICA), die »Dokumentationsleitstelle Christlich-Islamische Begegnung« (CIBEDO) und die »Christlich-Islamische Gesellschaft der Bundesrepublik Deutschland« (CIG), die bis vor einigen Jahren mit großem Erfolg alljährlich die international beachteten »Christlich-Islamischen Wochen« durchführte. Er nahm als erste islamische

Organisation Gespräche mit Politikern und Parteien auf und wurde auf diese Weise Mitinitiator der »Ständigen Expertengespräche über den Islam« an der Politischen Akademie der Konrad-Adenauer-Stiftung, des Arbeitskreises »Sozialdemokratische Partei und Islam« beim Bundesvorstand der SPD und der von der Konrad-Adenauer-Stiftung getragenen staatsbürgerlichen Seminare für islamische Geistliche und Funktionsträger.

Der Islamische Weltkongreß war von Anfang an in die Bemühungen des Landes Nordrhein-Westfalen um die Einführung eines islamischen Religionsunterrichtes an den öffentlichen Schulen beteiligt und an den Fortbildungsmaßnahmen für türkische Pädagoginnen und Pädagogen.

Der Einsatz des Kongresses für verfolgte religiöse Minderheiten in aller Welt und bei Vermittlungen in politischen Konfliktfällen haben ihn in den letzten zehn Jahren zu einem verläßlichen Partner auch für die deutsche Politik werden lassen.

Zahlreiche Initiativen wie etwa die Befreiung moslemischer Kinder und Jugendlicher vom Schulunterricht an den islamischen Feiertagen gehen auf ihn zurück.

Dabei ist anzumerken, daß der Islamische Weltkongreß Deutschland e.V. eine von der Mutterorganisation in Karachi unabhängige deutsche islamische Gemeinschaft ist. Nach seiner Satzung fühlt sich der Islamische Weltkongreß Deutschland allerdings der Friedenspolitik der internationalen Organisation Islamischer Weltkongreß verbunden.

Grob gesehen haben sich seit dem Jahre 1981 zwei Einflußsphären in Westeuropa gebildet, die es zu beachten gilt:

- die Einflußsphäre des traditionalistischen Islam, repräsentiert etwa durch die Islamische Welt-Liga und den Islamischen Weltkongreß, der entschieden sunnitisch geprägt ist und in deren Bereich sowohl konservative als auch liberal-modernistische Elemente zum Tragen kommen und

- die Einflußsphäre der »Bewegung der islamischen Revolution«, die die sogenannten fundamentalistischen Strömungen des Islam vereinigt. Diese Bewegung ist zwar zumindest im ideologischen Bereich überwiegend schiitisch geprägt und dominiert, aber es bekennen sich auch eine Reihe neokonservativer sunnitischer Gruppierungen und Persönlichkeiten zu ihr.

Der traditionalistische Islam gibt sich bei allen Vorbehalten kooperativ und ist für die neuen Gegebenheiten offen, mit denen sich die islamische Gemeinschaft in ihrer Diasporaexistenz konfrontiert sieht. Er bejaht also auch grundsätzlich die Notwendigkeit eines Dialogs mit Andersgläubigen. Dabei muß allerdings angemerkt werden, daß der traditionalistische Islam den Dialog als Teil der allen Moslems aufgetragenen Verkündigungspflicht (dawa) betrachtet und nicht in erster Linie als religiöses Gespräch von gleichberechtigten Partnern.

Im traditionalistischen Bereich haben wir es darüber hinaus mit Personen zu tun, deren Verkündigungstätigkeit nicht von den großen Weltorganisationen, sondern von Geschäftsleuten aus der Golfregion finanziert wird.

Dagegen ist die »Bewegung der islamischen Revolution« eher abweisend und missionarisch – politisch wie religiös – eingestellt. Sie lehnt die westliche Gesellschaft als »Gesellschaft der Ungläubigen« entschieden und vorbehaltlos ab. In einer von ihren Leitungsgremien in London verabschiedeten Resolution wird unterstrichen, daß die Rolle des Islam und des Unglaubens zwei völlig entgegengesetzte Tendenzen in der Geschichte seien. Das politische Parteiensystem, wie es sich in den »sogenannten westlichen Demokratien« wiederfindet, spaltet demzufolge die Gesellschaft und sei daher vom Islam abzulehnen.

Im April 1986 hieß es dazu im »Islamischen Nachrichtendienst«: »Die Einführung demokratischer Verhältnisse in der islamischen Welt ist nach Auffassung der ›Islamischen Bewegung‹ weder erstrebenswert noch geeignet, die tiefgreifenden Probleme der heutigen moslemischen Gesellschaft zu lösen. Das geht aus einem Thesenpapier hervor, das in diesen Tragen in Toronto veröffentlicht wurde. So könne beispielsweise der von Frau Aquino herbeigeführte gesellschaftliche Wandel auf den Philippinen für die ›Islamische Bewegung‹ kein Vorbild sein. Sie sei vielmehr aufgerufen, die noch vorhandenen postkolonialen, säkularen und nationalistischen Einflüsse in der islamischen Welt an ihren Wurzeln auszureißen, um einen totalen Wandel der moslemischen Gesellschaft zu erreichen. Ein solcher totaler Wandel könne allerdings nur im Wege einer ›permanenten islamischen Revolution‹ in allen moslemischen Ländern herbeigeführt werden. ›Wir sind Moslems und wollen daher keine Demokratie‹, heißt es abschließend in dem Papier«.

Und im September 1986 verabschiedeten die Ulama der »Islamischen Bewegung« in London eine Erklärung, in der das europäische Gesellschaftsmodell als »System der Ungläubigen« eingestuft wird. Den Moslems, die die Bedingungen dieses Systems akzeptieren, wird das Recht bestritten, im Namen des Islam sprechen zu können. Europäische Ideen wie Freiheit, Gleichheit und Brüderlichkeit, die Frauenemanzipation und demokratische Institutionen wie das parlamentarische Regierungssystem, sollten lediglich die auf die Spaltung der Welt gerichteten Ziele des Kolonialismus verschleiern. Absicht der europäischen Mächte sei es nach wie vor, die übrige Welt politisch, kulturell und ökonomisch zu kontrollieren und deren Bodenschätze auszubeuten. Als Instrument zur Festigung ihrer Herrschaft diene den »ungläubigen Mächten« ein weltweites Netz politischer und wirtschaftlicher Wechselbeziehungen, in das auch die herrschenden Klassen der Moslemländer eingebunden seien.

Die Ulama verurteilten in diesem Zusammenhang die Moslems, die mit den sogenannten »Kolonialmächten« zusammenarbeiten. Sie handelten damit bewußt gegen die Interessen der islamischen Gemeinschaft und fänden für ihr Verhalten infolgedessen keinerlei Rechtfertigung im Koran und in der Sunna. Das europäische Denken stehe außerhalb des Islam und des politischen Weges der Moslems. Die »Bewegung der islamischen Revolution« hat sich seit 1982 als neue religiöse und politische Kraft zu etablieren vermocht. Das gilt sowohl für die islamische Welt selbst als auch für die moslemische Diaspora. Man muß der Bewegung zudem zugute halten, daß sie ihre Ziele nie verschleiert oder der breiten Öffentlichkeit im Westen verheimlicht hat. So heißt es in den Statuten für die Diasporaarbeit, daß die Bewegung »einen schonungslosen islamischen Kampf gegen die Verwestlichung und Unterdrückung der moslemischen Gesellschaft führen« werde. Bereits im Dezember 1981 hatte der Jugendverband der »Bewegung der islamischen Revolution« beschlossen, das Programm der iranischen Revolution und deren Ziele in Europa aktiv zu fördern und zu verteidigen. Und im Dezember 1982 bezeichneten sich die moslemischen Studentenverbände auf einer Europatagung in Rom als »Zellen der islamischen Weltrevolution«.

Angesichts dieser Entwicklung klingt es immerhin beruhigend, wenn die »Bewegung der islamischen Revolution« zur Jahreswende 1982/83 offiziell verlauten ließ, sie werde »dort wo die Moslems in der Minderheit sind, in Europa und Nordamerika, nicht zu den Waffen greifen«. Aber gleichwohl: »Dort wo wir in den traditionellen islamischen Ländern unterdrückt werden, werden wir mit den gleichen Waffen zurückschlagen, mit denen wir angegriffen werden«.

Dennoch darf nicht übersehen werden, daß die Bewegung die Vereinigten Staaten, Großbritannien, Frankreich, die Bundesrepublik

Deutschland, die Türkei, Tunesien, Ägypten, Syrien, Indonesien und Saudi-Arabien permanent beschuldigt, die »Bewegung der Islamischen Revolution« zu unterdrücken und mit äußerster Brutalität gegen ihre Aktivisten« vorzugehen. So nachzulesen in ihrem Organ »Crescent International«. Und weiter: »Wir sind keine pazifistische Aktionsgemeinschaft. Im Koran und in der Sunna wird klargestellt, daß wir verpflichtet sind gegen jene zu kämpfen, von denen wir angegriffen werden«.

Diese offiziellen Verlautbarungen der »Bewegung der islamischen Revolution«, die zu keinem Zeitpunkt revidiert oder zurückgenommen worden sind, lassen zumindest was die Formulierung »Dialog mit den Kirchen gleich Verrat am Islam« angeht, die Frage nach Motivation und Konzeption jener kirchlichen Institutionen in der Bundesrepublik aufkommen, die eng mit Vertretern der »Bewegung der islamischen Revolution« zusammenarbeiten und diese Zusammenarbeit gelegentlich auch gegen die liberalen moslemischen Vereinigungen ausspielen. Wie immer man auch dazu stehen mag, es lohnt sich sehr wohl über diese und ähnliche Aussagen der »Bewegung der islamischen Revolution« nachzudenken.

In diesem Zusammenhang sollten auch die politischen Anbindungen der Blöcke nicht unerwähnt bleiben. Das traditionalistische Lager lehnt sich eng an die Islampolitik Saudi-Arabiens an, die eine Integration von Moslems in eine pluralistisch strukturierte säkulare Gesellschaft strikt ablehnt und statt dessen in nichtmoslemischen Ländern »islamische Enklaven« unter der Schutzherrschaft der moslemischen Länder schaffen möchte. Dagegen stehen hinter der »Bewegung der islamischen Revolution« massive Interessen vor allem des Iran. Die Bewegung betrachtet sich als »Speerspitze der von Ayatollah Khomeini verkündeten islamischen Weltrevolution«. Wobei hinzugefügt werden muß, daß dieser Ideologie ein geradezu gefährliches antiwestliches Element implizit ist.

Neben diesen beiden ideologischen Blöcken hat sich in den letzten Jahren der lange totgesagte, von osmanischer Kultur geprägte Islam wieder zu Wort gemeldet. So hat sich die Avrupa Milli-Görüs Teskilatlari zwischenzeitlich zu einer »weltweiten staatsunabhängigen Bewegung eines modernen islamischen Traditionalismus« zu entwickeln vermocht und damit zu einer »Dritten Kraft« neben den islamischen Bewegungen Saudi-Arabiens und des Iran.

Davon zeugen unter anderem Gemeindegründungen in allen Ländern Europas, Nordamerika, Australien und Neuseeland. Durch die

Bildung neuer islamischer Staatswesen unter den Turkvölkern der ehemaligen Sowjetunion hat diese Bewegung eine starke Schubkraft erhalten, was unter anderem durch die enge Zusammenarbeit zwischen den neuen Staaten und der AMGT unterstrichen wird.

Da diese Bewegung ihre Kraft aus der Diaspora schöpft, ist ihr zuzutrauen, daß sie entscheidend das Bild des Islam der Zukunft prägen wird.

VI. Kapitel
Das islamische Pressewesen

Das islamische Pressewesen in der Bundesrepublik ist unterentwickelt und hat trotz großer Anstrengungen nicht wieder an die Tradition und das Niveau der Jahre von 1924 bis 1940 anzuknüpfen vermocht. Seinerzeit erschienen in Berlin regelmäßig drei islamische Zeitschriften und ein Vierteljahresmagazin von beachtlicher Resonanz im In- und Ausland, besonders in Südost- und Osteuropa.*

Das erste von Moslems redigierte deutschsprachige Monatsmagazin in der Nachkriegszeit wurde 1948 in Zürich von der dortigen Ahmadiyya-Mission unter Shaikh Nasir Ahmad gegründet. Sein Titel: *Der Islam.*

Der ebenfalls in Zürich gegründete deutschsprachige *Muslim-Press-Service* (mps) wurde 1962 wieder eingestellt. Derzeit erscheinen in der Bundesrepublik Deutschland 17 deutschsprachige islamische Zeitschriften mit einer Gesamtauflage von rund 27 000 Exemplaren. Ergänzt wird dieses Angebot durch fünf theologische Schriftenreihen, eine Zeitschrift für moslemische Kinder und durch einen wöchentlich erscheinenden Pressedienst, der für die nicht-moslemischen Medien bestimmt ist. Dieses Bild wird abgerundet durch sechs deutschsprachige Verlage mit einem zum Teil anspruchsvollen Angebot an islamischer Literatur, darunter Hadithübersetzungen, Korankommentare und ein breitgefächertes Sortiment von volkstümlichen Erzählungen über das Leben und Wirken des Propheten Mohammed.

Von den Redaktionen und Verlagen, die diese Publikationen herausgeben stehen 22 dem sunnitischen Islam nahe, vier der schiitischen Gemeinschaft und fünf der Ahmadiyya-Bewegung. Was die Unabhängigkeit der islamischen Medien in der Bundesrepublik angeht, bleibt anzumerken, daß lediglich 10 der insgesamt 31 Periodika nicht fremdfinanziert sind. Bei den nichtfremdfinanzierten Publikationen handelt es sich zudem um reine Abonnentenzeitschriften.

---

* s. a. Gerhard Höpp: Arabische und islamische Periodika in Deutschland 1915—1929, in: »Moslemische Revue« (Soest), Heft 3/1991 S. 150—155; Heft 4/1991, S. 224—232; Heft 1/1992, S. 49—58

Die Mehrzahl der deutschsprachigen Islam-Zeitschriften muß dem Genre der religiösen Erbauungsliteratur zugerechnet werden. Nach Dokumentationen, Berichten oder aktuellen Informationen über die Situation des zeitgenössischen Islam und das Leben der Moslems in Deutschland, in der westlichen Diaspora oder in den moslemischen Ländern selbst, sucht der Leser zumeist vergeblich. Nahezu völlig fehlt auch eine ernsthafte, unparteiische und journalistische Aufarbeitung der sozialen, kulturellen, politischen und religiösen Konflikte, die in den letzten Jahren die islamische Welt nicht mehr zur Ruhe kommen ließen. Und selbst die wenigen zaghaften Ansätze selbstkritischen Denkens sind bisher kaum über das Stadium einer oft sehr laienhaft formulierten Apologetik hinausgekommen. Falls überhaupt gelegentlich bestimmte politische oder gesellschaftliche Verformungen in der islamischen Gemeinschaft angesprochen werden, so zielt diese Kritik ausschließlich auf den jeweiligen Meinungsgegner. Die Mehrzahl der moslemischen Autoren berauscht sich an einer glorreichen Vergangenheit, ohne allerdings Konzepte für die Gegenwart anzubieten. Dieses rückwärtsgerichtete Denken prägt weithin den Inhalt der in Deutschland erscheinenden islamischen Zeitschriften. Neben dem apologetischen Charakter fällt ein weiteres anscheinend inzwischen islamspezifisches Element in der moslemischen Medienlandschaft auf: ein gelegentlich überbetonter militanter Missionseifer, der indessen nicht historisch begründet werden kann. Diese eigentümliche Mischung aus Glaubensverteidigung und Mission gehört heute anscheinend zum Berufsbild der moslemischen Medienbeschäftigten und unterscheidet sie damit elementar von den Kriterien einens freien und unabhängigen Journalismus, wie er nach den freiheitlichen Pressegesetzen in den westlichen Demokratien praktiziert werden kann. Recht unterschiedlich ist es um die Außenwirkung der einzelnen Blätter bestellt. Einer Umfrage vom Januar 1985 zufolge, stößt beispielsweise die vom islamischen Zentrum München herausgegebene Zeitschrift »Al-Islam« außerhalb der moslemischen Gemeinschaft kaum auf Resonanz und Interesse. 83,4 Prozent moslemischen Lesern stehen lediglich 9,1 Prozent christliche gegenüber und 3,6 Prozent »andere«. *Al-Islam* gehört mit rund 3000 Exemplaren immerhin zu den auflagenstärksten deutschsprachigen islamischen Zeitschriften.

Anders sieht es beispielsweise bei der *Moslemischen Revue* aus. Bei ihr liegt der Anteil der christlichen Leser bei 45 Prozent. In diesem Zusammenhang noch ein weiteres interessantes Detail: 39,5 Prozent der *Moslemischen Revue*-Leser sind Pädagogen, Hochschullehrer und Erzieher. Bei *Al-Islam* liegt diese Berufsgruppe bei 8,3 Prozent.

Sehr informativ über den schiitischen Islam berichtet die vom Islamischen Zentrum Hamburg herausgegebene Zeitschrift *Al-Fadschr* (Die Morgendämmerung). Wenngleich *Al-Fadschr* im Bereich der aktuellen Berichterstattungn oft recht tendenziös und einseitig erscheint, sind die Artikel über die schiitische Denk- und Glaubensweise sehr beeindruckend. Bleibt letztlich noch die Ahmadiyya-Bewegung zu erwähnen. Sie gibt vier deutschsprachige Blätter heraus, darunter das bereits erwähnte Magazin *Der Islam*. Bei dieser Vierteljahreszeitschrift handelt es sich um eine drucktechnisch wie redaktionell sehr geschmackvoll aufgemachte Publikation, deren sprachliche Qualität durchaus den meisten moslemischen Periodika als Vorbild dienen könnte.

Abgerundet wird das Bild islamischer Medien durch etwa 10 *Gemeindezeitschriften* und *Mitteilungsblätter* mit einer Gesamtauflage von etwas mehr als 1000 Exemplaren. Hinzu kommen ein *Islamischer Pressespiegel* und drei *Faltblattserien*, unter denen die Serie *Muslime im Dialog*, herausgegeben vom Islamischen Zentrum Hamburg, die anspruchsvollste ist.

1. Sunnitische/Schiitische Zeitschriften

Al-Fadschr (Die Morgendämmerung), Herausgeber: Islamisches Zentrum Hamburg, 2000 Hamburg 76, Schöne Aussicht 36, keine Redaktionsangabe, Erscheinungsweise: vierteljährlich, 58 Seiten, Auflage: 3000

Moslemische Revue, Herausgeber: Zentralinstitut Islam-Archiv-Deutschland e.V., 4770 Soest, Postfach 15 28, Redaktion: M. Salim Abdullah, Erscheinungsweise: vierteljährlich, 64 Seiten, Auflage: 600

Al-Islam, Zeitschrift von Muslimen in Deutschland, Herausgeber: Islamisches Zentrum München, 8000 München 45, Wallnerstraße 1–5, Redaktion: Ahmad von Denffer, Erscheinungsweise: vierteljährlich, 32 Seiten, Auflage: 3000

Al-Islam Aktuell, Herausgeber: Islamisches Zentrum München, 8000 München 45, Wallnerstraße 1–5, Redaktion: Ahmad von Denffer, Erscheinungsweise: 8 Mal jährlich, 4 Seiten, Auflage: keine Angaben

Nur — Das Licht, Eine Zeitschrift der Islamischen Gemeinschaft

Jama'at un-Nur e.V., 5000 Köln 80, Neustraße 11, Redaktion: Rüstem Ülker, Erscheinungsweise: vierteljährlich, 32 Seiten, Auflage: 6000

Perspektive, Zeitschrift für Gesellschaft, Politik und Kultur, Herausgeber: Islamische Union e.V., 5000 Köln 91, Bertramstraße 46, Redaktion: Hasan Özdogan, Erscheinungsweise: zweimonatlich, 28 Seiten, Auflage: 5000

Diwan, Zeitschrift für andere Perspektiven, Herausgeber und Redaktion: Aysegül Acevit, 4630 Bochum 25, Postfach 25 01 68, Erscheinungsweise: zweimonatlich, 18 Seiten, Auflage: 600

Al-Qiyam (Der Aufbruch), Zeitschrift des Kulturzentrums Österreich — Echo der Islamischen Renaissance, A-1060 Wien, Postfach 271, keine Redaktionsangabe, Erscheinungsweise: vierteljährlich, 24 Seiten, Auflage: keine Angaben

Al-Muhadschirun, Religiöses Organ der Muslimflüchtlinge in der Bundesrepublik Deutschland, Herausgeber: Geistliche Verwaltung der Muslimflüchtlinge, 8000 München 2, Landwehrstraße 46, Redaktion: Dschemaleddin Eff. Ibrahimovic, Erscheinungsweise: zweimonatlich, 16 Seiten, Auflage: 1000

Al-Sufi, Zeitschrift für islamische Mystik, Herausgeber: Institut für Islamstudien (Sufi-Archiv-Deutschland e.V.), O-7971 Trebbus, Dorfstraße 63, Redaktion: Shaikh Abdullah Halis Dornbrach, Erscheinungsweise: vierteljährlich, 14 Seiten, Auflage: keine Angaben

Neuer Horizont, Aspekte und Perspektiven für eine universale Ethik, Herausgeber: Dialog-Forum Stuttgart, 7000 Stuttgart 1, Bebelstraße 55, Redaktion: Dipl.-Ing. Cäcilia Schmitt, Erscheinungsweise: halbjährlich, 36 Seiten, Auflage: keine Angaben

Extrablatt, Zeitschrift für Muslime deutscher Sprache, Herausgeber: Al-Kitab-Verlag, 5000 Köln 60, Postfach 60 04 66, Erscheinungsweise: monatlich, 8 Seiten, Auflage: keine Angaben

Christlich-Islamische Begegnung, Herausgeber und Redaktion: Ilyas Kurt Bohlender, 7320 Göppingen, Dr.-Pfeiffer-Straße 88, Erscheinungsweise: monatlich, 8 Seiten, Auflage: keine Angaben

2. Rundfunk und Fernsehen

Türkisches Fernsehen in Deutschland (TFD), 1000 Berlin 61, Boppstraße 4, Studio Köln: 5000 Köln 60, Merheimer Straße 229

3. Verlage

Verlag Islamische Bibliothek, Postfach 83 01 35, 5000 Köln 80
   Al-Kitab Verlag, 5000 Köln 60, Postfach 60 04 66
   SKD Bavaria Verlag, 8000 München, Postfach 43 03 29
   Verlag des Islamischen Zentrums Aachen/Islamischer Informationsdienst Bonn, 5100 Aachen, Prof.-Pirlet-Str. 20
   Mihrab Verlag, 5000 Köln 81, Neustraße 11
   Anadolu Schulbuchverlag, 5142 Hückelhoven, Rheinstraße 102

4. Kinderzeitschriften

Salam Kinder, Zeitschrift für junge Muslime, Herausgeber: Islamisches Zentrum Hamburg, 2000 Hamburg 76, Schöne Aussicht 36, keine Redaktionsangabe, Erscheinungsweise: vierteljährlich, 32 Seiten, Auflage: 3000

5. Zeitschriften der Ahmadiyya

Der Islam, Organ der Ahmadiyya-Bewegung des Islam in der Schweiz und in der Bundesrepublik Deutschland, CH-8008 Zürich, Forchstraße 323, Redaktion: Shaikh Nasir Ahmad, Erscheinungsweise: vierteljährlich, 40 Seiten, Auflage: 500
   Weißes Minarett, Zeitschrift der Ahmadiyya-Muslim-Bewegung, Herausgeber: Abdullah Wagishäuser, 6000 Frankfurt/Main 70, Babenhäuser Landstraße 25, Redaktion: Hadayatullah Hübsch, Erscheinungsweise: unregelmäßig, 52 Seiten, Auflage: keine Angaben
   Ahmadiyya Gazette, Mitteilungsblatt für Ahmadi-Moslems im deutschsprachigen Raum, CH-8008 Zürich, Forchstraße 323, Redaktion: Shaikh Nasir Ahmad, Erscheinungsweise: monatlich, 10 Seiten, Auflage: keine Angaben
   Islam heute, Zeitschrift der Ahmadiyya Anjuman Lahore, Herausgeber: Saeed Ahmad Chaudhry, 3101 Nienhorst, Waldweg 11, Redaktion: Bashir Ibrahim Schadow, Erscheinungsweise: unregelmäßig, 38 Seiten, Auflage: keine Angaben

6. Nachrichtendienste

Islam-Nachrichten (Islam-Echo), Herausgeber: Zentralinstitut Islam-Archiv-Deutschland, 4770 Soest, Postfach 15 28, Redaktion: M. Salim Abdullah, Erscheinungsweise: wöchentlich, 6—10 Seiten

  Islamischer Pressespiegel, Herausgeber: Al-Kitab-Verlag, 5000 Köln 60, Postfach 60 04 66, Erscheinungsweise: vierteljährlich, Auflage: keine Angaben

7. Theologische Schriftenreihen

Schriftenreihe des Islamischen Zentrums Aachen (Bilal-Moschee)
Schriftenreihe des Islamischen Zentrums München
Schriftenreihe des Islamischen Zentrums Hamburg
Schriftenreihe der Treffen deutschsprachiger Muslime, Haus des Islam, Lützelbach (Odenwald)

VII. Kapitel

Die Rolle der Diaspora in der islamischen Weltgemeinschaft

1. Die Kritik der europäischen Reformisten an der gegenwärtigen islamischen Theologie

In einer Kirchenzeitschrift schrieb vor einigen Jahren ein mit dem Islam befaßter evangelischer Geistlicher über die Situation der Moslems in der Diaspora, daß sich Europa mit einiger Verwirrung der Tatsache bewußt werde, »daß der Islam zu einem unübersehbaren und offenbar dauerhaften Stück europäischer Wirklichkeit geworden« sei. Man kann diese Feststellung guten Gewissens durch den Hinweis ergänzen, daß auch die islamischen Weltorganisationen dem Phänomen Diaspora mit einiger Verwirrung gegenüberstehen, zumal sie sich selbst seit einigen Jahren in einem Wandlungsprozeß befinden, dessen Ende und schließliches Ergebnis nicht abzusehen ist. Die Frage ist nur, ob die Millionen von Moslems, die heute ihre Existenz in Europa suchen, solange warten können, ob sie überhaupt bereit sind, diesen Prozeß zu begleiten.

Nun wird in der islamischen Welt derzeit viel über Diasporaprobleme diskutiert. Keine Tagung und kein Kongreß gehen vorüber, ohne daß die Lage der islamischen Minoritätengruppen auf der Tagesordnung gestanden hätte. Die Islamische Welt-Liga und der Islamische Weltkongreß unterhalten eigene Minoritätenkommissionen. In London arbeitet unter der Schirmherrschaft der König-Abdul-Aziz-Universität Dschidda ein Institut für die Angelegenheiten der Islamischen Minderheiten. Die islamischen Weltorganisationen sind sich einig, daß sie sich verstärkt der in der Zerstreuung lebenden Glaubensbrüder und -schwestern annehmen müssen — aber die bislang bekanntgewordenen Pläne zur Bewältigung der Diasporaprobleme lassen nur wenig hoffen. Sie geben keine Antworten auf die Fragen, vor die Moslems in einer andersstrukturierten Umwelt gestellt sind, in der sie, losgelöst von der schützenden und allumfassenden ›umma‹ nach neuen Formen des Zusammenlebens, nach neuen Modellen religiöser Existenz suchen müssen, um ihre Identität zu wahren.

Zwar gelangt Literatur, strömen Katechismen und religiöse Ratgeber aus der islamischen Welt nach Europa, aber kann es eine Hilfe sein, wenn darin die neue Umwelt verteufelt wird, wenn anstelle von Informationen suggeriert wird, daß die westliche Gesellschaft eine »Welt des Unglaubens« sei.

Bei vielen Moslems in Europa herrscht das Gefühl, alleingelassen zu sein. Diese Feststellung trifft insbesondere auf die moslemische Jugend zu. Die islamischen Gemeinschaften dürfen sich nicht darüber hinwegtäuschen, daß die zweite und dritte Einwanderergeneration mit großer Skepsis bis Ablehnung den religiösen Traditionen ihrer Väter gegenübersteht. Die Traditionen behindern nach überwiegender Auffassung der Jugendlichen eine gelungene Integration in die europäische Gesellschaft. In Gesprächen mit moslemischen Jugendlichen stellt sich immer wieder heraus, wie wenig sie von der Flexibilität der Glaubensvorschriften ihrer Religion wissen. Diesem Mangel entgegenzuwirken, müßte die vornehmste Aufgabe islamischer Verkündigung in Europa sein.

In diesem Zusammenhang muß festgehalten werden, daß die in der islamischen Welt sporadisch verbreiteten Meldungen, in denen davon die Rede ist, die Moslems seien in Europa einem massiven missionarischen Druck ausgesetzt — vielerorts sei es zu einer förmlichen Übertrittswelle zu den Kirchen gekommen —, nicht zutreffen. Derartige Fehlinformationen müssen als Propagandatrick interessierter Kreise angesehen werden, denn eine Gefahr für den Bestand des Islam in Westeuropa geht weniger von den Kirchen aus als von der Einfalls- und Interesselosigkeit der religiösen Instanzen der islamischen Weltgemeinschaft. Es ist sicherlich nicht zu leugnen, daß es christliche Kreise gibt, die den Versuch unternehmen, unter den Moslems in Europa Mission und Proselytenmacherei zu betreiben. Aber der Erfolg dieser Bemühungen ist äußerst gering. So wird beispielsweise die Zahl der Moslems, die seit 1950 in Deutschland zum Christentum übergetreten sind auf knapp 200 geschätzt. Die Zahl der Übertritte zum Islam liegt dagegen um ein Vielfaches höher.

Bemerkenswert ist nun die Reaktion verschiedener einflußreicher islamischer Weltorganisationen auf die Tatsache, daß in den westeuropäischen Ländern die Zahl der praktizierenden moslemischen Jugendlichen rapide zurückgeht. Anstatt die Kreise zu unterstützen, die einer Neuinterpretation des Glaubensgutes das Wort reden, setzen sie auf jene Gruppen, die ihre religiöse Identität nur dadurch wahren zu können glauben, daß sie die Gesellschaft, in der sie leben, ablehnen, ihre Ordnung bekämpfen, sich an ihre Normen nicht gebunden fühlen und statt dessen versuchen, unter alleiniger Anwendung der traditionellen religiösen und gesellschaftlichen Vorschriften des Islam gegen die sie umgebene Gesellschaft zu leben. Die Gründe, die beispielsweise die Islamische Welt-Liga bewogen haben, gerade auf diese isolierten Kreise zu setzen, mögen einerseits der Unkenntnis vom Funktionieren einer demokratisch geordneten und pluralistisch strukturierten Gesellschaft entspringen, andererseits wird jedoch erschreckend deutlich, wie wenig sich die islamische Weltgemeinschaft bisher den Fragen der Gegenwart gestellt hat.

Die islamischen Weltorganisationen wären gut beraten, auf jene Moslemgruppen zu hören, die zwar bereit sind, sich in die europäische Gesellschaft voll zu integrieren, die aber den Islam – ihre religiöse Identität – mit in diesen Prozeß einbeziehen möchten. Beispiele belegen schon heute, daß das, was der Welt-Islam bislang versäumte, hier modellhaft entwickelt wird: Ein moderner Islam, der auf die Fragen der Industriegesellschaft mit ihrer säkularen Zivilisation Antworten formuliert, der die Herausforderungen der Zeit angenommen hat. Es heißt gegen die Zukunft zu leben, wollte man den Säkularismus verteufeln, ohne seine Tragfähigkeit für eine Religionsgemeinschaft erprobt zu haben. Es gilt vielmehr die Herausforderung dieser Lebensform anzunehmen und zu bewältigen. Dabei sollte der Islam aus den Fehlern der Kirchen lernen. Religion sollte sich nicht durch stete Anbiederung an den Säkularismus verlieren, sondern sich seiner als zeitgemäßer Gesellschaftsstruktur bedienen.

Progressive Moslems in Europa fordern daher seit Jahren eine kritische Sichtung des überlieferten Erbes, eine Befreiung von der menschlichen Komponente der Traditionen, um größere Handlungsfreiheit bei der Bewältigung der Gegenwarts- und Zukunftsfragen zu erlangen. Sie vertreten die Auffassung, daß eine bejahende und dynamische Einstellung zum Leben nicht ohne Aufgabe gewisser Denkstrukturen, namentlich aber des mangelnden Sinnes für das Wesentliche und des geistlosen Ritualismus, verwirklicht werden kann.

Besonders die islamischen Reformisten in Westeuropa sehen hinter den restaurativen Phänomenen in der heutigen islamischen Theologie eine »Degradierung des Islam zu einem reinen Macht- und Verwaltungsinstrument«. Die damit verbundene bedenkliche Verdeckung des rein religiösen, moralischen und eschatologischen Auftrages des Islam habe bei den glaubensbewußten und problemorientierten Moslems inzwischen großes Unbehagen hervorgerufen.

Zum gegenwärtigen Erscheinungsbild des Islam gehört den Reformisten zufolge auch, daß die Toleranz und die Achtung vor der Meinung des jeweils anderen kleingeschrieben wird. Das habe in der islamischen Welt zu exzessiven Verhaltensweisen geführt und das Gesellschaftsklima vergiftet. Es sei heute an der Tagesordnung, den jeweils Andersdenkenden bedenkenlos des Unglaubens zu bezichtigen.

Im Juli 1985 hieß es in einer Stellungnahme der Reformisten, der »politisierte Islam« sei ein Unheil für die Moslems in Europa. Durch ihn sei der islamische Glaube in Mißkredit gebracht worden. Die alten Ressentiments seien wieder aufgetaucht. Das antitürkische und antiislamische »historische Gedächtnis« christlicher Massen sehe sich in seinen Ausgangspositionen bestätigt. Für die europäischen Moslems sei das heutige »Haus des Islam« geradezu ein »Narrenhaus« geworden: »Auf der einen Seite Aggression – auf der anderen Seite das Gerede von ›unbezwingbarem Friedenswillen‹, hier die Einführung der Scharia – dort, in demselben Land, skandalöser Verrat am Islam, hier das Gerede von Toleranz und Menschenrecht, dort die Verfolgung von Proskribierten und andere traumatische Erscheinungen.«

Die unvermeidbaren Folgen der Politisierung seien unter anderem Reibereien, Orientierungsverlust, Anfälligkeit für Manipulation, Rechthaberei, Fanatismus, Kampf aller gegen alle, Verfall der Menschlichkeit.

Nach Auffassung der Reformisten handelt es sich bei dem gegenwärtigen Phänomen nicht um eine islamische Renaissance, sondern um eine rein politisch-kulturelle Gegenströmung, die sich dem fremden Kulturimperialismus entgegenstellt und eine Selbstfindung der moslemischen Volksmassen anstrebt. Die extremen Erscheinungen dieses Prozesses, die als »islamische Revolution« ausgegeben würden, seien vielfach Ausdruck sozialer Unzufriedenheit, »dem von geschickten Regisseuren ein religiöses Mäntelchen umgehängt« worden sei. Eine wirkliche Renaissance des Islam im Sinne einer tiefgreifenden moralischen Erneuerung, der Erschließung von neuen Freiräumen für die persönliche Kreativität und der Vermenschlichung des Lebens finde hingegen nicht statt.

Aus diesen Erkenntnissen folgern die Kritiker der Politik der islamischen Weltorganisationen, daß die gegenwärtige Entwicklung zum einen als Ausdruck des Verlustes der wahren religiösen Werte zu betrachten sei und zum anderen die Wirkungskraft einer großangelegten antiislamischen Konspiration bestätige. An dieser Konspiration seien bewußt oder unbewußt alle jene Fanatiker beteiligt, »die im Namen des Islam Terror und Mord säen«.

Im September 1986 sah sich schließlich der »Doyen der islamischen Gelehrten«, Mohammad Asad, gezwungen, in die Debatte um die Reformtheologie einzugreifen. In der Zeitschrift »Arabia« warnte er die restaurativen Kräfte vor einer totalen Ablehnung der westlichen Zivilisation und ihrer Errungenschaften.

Dadurch bringe sich die islamische Welt um den Nutzen, den sie für ihre eigene Zukunft aus dieser Zivilisation ziehen könne. Da man an den Schulen und Universitäten in der westlichen Welt lerne, den eigenen Verstand zu gebrauchen, müsse sich kein Moslem schämen, wenn er sich entschließe, diese Bildungs- und Ausbildungsstätten zu besuchen. Er selbst, so Mohammad Asad, wäre wahrscheinlich nie zum Islam übergetreten, wenn er nicht an europäischen Schulen gelernt hätte, seinen Verstand zu gebrauchen.

In diesem Zusammenhang wandte sich Asad auch gegen jene Gruppen von Moslems, die ihre islamische Identität durch Äußerlichkeiten zu unterstreichen versuchen, etwa durch das Tragen einer besonderen Kleidung. Viele dieser sogenannten »Islamisten« seien auf diese Weise in eine Epoche zurückgefallen, die seit fünf- oder sechshundert Jahren der Vergangenheit angehöre. Hinzu komme, daß der von ihnen praktizierte Lebensstil weder auf den Propheten Mohammad noch auf seine Gefährten zurückgeführt werden könne. Er sei vielmehr der Zeit der Abbasiden und der Mameluken entlehnt, also einer Epoche des Verfalls.

Die offizielle islamische Theologie hat bis heute keine neuen und wegweisenden Modelle entwickelt, sie erstickt förmlich in einer geradezu unterwürfigen Anpassung an die staatlichen Wünsche und Erfordernisse. Sie kann aus vielerlei Gründen derzeit nicht richtungsweisend sein, wenn es beispielsweise um die Frage nach der Überwindung der Zwangslage geht, vor der der Islam eingestanden oder uneingestanden insgesamt steht, nämlich: sich unter den Bedingungen und im Horizont einer modernen, wissenschaftlich-technischen Zivilisation neu darstellen zu müssen, ohne sich dabei selbst zu verlieren. Mit anderen Worten: Die in Europa lebenden Moslems durchleiden derzeit das tiefe, innere Dilemma des Islam, stellvertretend für die Gesamtheit ihrer Glaubensbrüder und -schwestern.

2. Minoritäten-Institut schlägt Änderung der Diasporapolitik vor

Im Februar 1991 veröffentlichte das Institut für die Angelegenheiten der Islamischen Minderheiten in London eine Erklärung, die zukunftsweisend werden könnte. In der Erklärung werden unumwunden die Fehler der bisherigen Minderheitenpolitik eingestanden und eine Öffnung zum progressiven Islam in Europa hin signalisiert. Dieser Vorgang ist um so bemerkenswerter als das Londoner Institut eine Einrichtung Saudi-Arabiens ist. Die Erklärung wurde in Heft 3/1991 der in Soest erscheinenden »Moslemischen Revue« in deutscher Übersetzung veröffentlicht.

Realität geht vor Wunschdenken
Eine Erklärung des Instituts für die Angelegenheiten der
Islamischen Minderheiten

Muslimische Minderheiten haben derzeit in einer Reihe von Ländern mit beträchtlichen Schwierigkeiten zu kämpfen. Seit in weiten Teilen der Welt — insbesondere in unterentwickelten und schwach entwickelten Ländern — das religiöse und ethische Bewußtsein zunimmt, ist unterschwellig nahezu überall eine gewisse mißtrauische Abwehrhaltung zu spüren. Dieses Phänomen betrifft, m. a. W., nicht nur einige wenige Länder, wo das Überleben und der dauerhafte Fortbestand muslimischer Minderheiten gefährdet sind. Es ist vielmehr letztlich allgegenwärtig und überdies in seiner Reichweite ohne Beispiel; die Welt hat dergleichen nie zuvor erlebt. Einen Problemzugang zu finden, der befriedigende Lösungen verspricht, erfordert neue Denkansätze, neue Bemühungen um ein tiefergehendes Verständnis der Minoritätenfrage und Mut zu geeigneten neuen Maßnahmen.

Dabei muß betont werden, daß der Ursprung des Minderheitenproblems, anders als in der muslimischen Welt gemeinhin unterstellt wird, nicht außerhalb der Umma (d. h. der mehrheitlich von Muslimen bewohnten Länder), sondern in den eigenen Reihen zu suchen ist. Warum befaßt sich die Umma mit Problemen von Gruppen, die außerhalb ihres Zuständigkeitsbereichs in souveränen nicht-muslimischen Staaten leben? Woher bezieht sie das Mandat, sich in Angelegenheiten von Bürgern fremder Staaten einzumischen? Würden umgekehrt muslimische Länder, in denen auch Nicht-Muslime leben, eine solche Einmischung seitens nicht-muslimischer Staaten begrüßen? Auf diese grundlegenden Fragen muß die Umma klare Antworten finden, bevor sie bezüglich muslimischer Minderheiten eine tragfähige Handlungsstrategie entwickeln kann.

Ein zweiter Fragenkomplex betrifft die politische Praxis. Wie ließe sich eine — wie immer geartete — Minderheitenpolitik der muslimischen Welt konkret umsetzen? Wo lägen ihre Stärken im Hinblick auf Entschlossenheit, verfügbare Mittel und Sachkompetenz? Welche Grenzen wären ihr aufgrund der gegebenen Weltordnung bzw. des gegenwärtigen internationalen Systems gesetzt?

Das verbreitete Klischee, daß muslimische Minderheiten außerhalb der Umma-Länder überall und in jeder Beziehung unter Diskriminierung und Verfolgung zu leiden hätten, läßt sich nicht mehr aufrechterhalten. Jedes Minderheiten-Land oder jede Gruppe von Minderheitenländern bedarf gesonderter Betrachtung; Muslime leben unter dem Kommunismus, leben unter Katholiken in Lateinamerika, unter Protestanten in Europa, unter Hindus in Indien, unter Buddhisten in Sri Lanka, unter Animisten und Rassisten in Afrika, usw.

Zu fragen ist ferner, in welcher Hinsicht — religiös, wirtschaftlich, kulturell, sprachlich usw. — muslimische Minderheiten am schwerwiegendsten benachteiligt werden. Wiederum wird man feststellen, daß unterschiedliche Minderheiten-Gruppen unterschiedliche Probleme haben. So erfreuten sich z. B. sowjet-russische Muslime wirtschaftlicher Freiheit, während sie in religiöser Hinsicht schärfstens unterdrückt wurden. In Asien und Afrika ist dagegen eher die umgekehrte Situation anzutreffen: Muslime können dort in den meisten Fällen ihre Religion frei ausüben und auch propagieren, stehen jedoch wirtschaftlich häufig am Rand des Abgrunds.

Sowohl die grundsätzlichen als auch die politisch-praktischen Erwägungen ließen sich noch umfassend weiterführen. Nachstehend sollen jedoch einige Richtlinien skizziert werden, die bei der Erhebung von Datenmaterial berücksichtigt werden müssen:

Das Institut ist, erstens, überzeugt davon, daß zutreffende und zuverlässige Informationen nur zu erhalten sind, wenn die Minderheiten selbst befragt werden. Die bei den muslimischen Hauptorganisationen bislang übliche Praxis, Informationen über die Schwierigkeiten muslimischer Minderheiten nicht-muslimischer Länder mit Hilfe von »glaubensfesten« Muslimen oder »da-wa-Botschaftern« aus den mehrheitlich muslimischen Ländern einzuholen, ist vielleicht religiös verdienstvoll, mit Sicherheit aber kein brauchbares Verfahren. Auf diese Weise wird zwar ständig wortreich Alarm geschlagen, aber nur wenig substantielles Datenmaterial zusammengetragen, das als Grundlage einer sinnvollen Handlungsstrategie dienen könnte.

Auch für die Sprecher der Minderheiten selbst ist, zweitens, die bisherige Neigung, sich ausschließlich auf ausgewiesen orthodoxe und traditionsverhaftete Informanten zu verlassen, von nur begrenztem Wert. Fast alle muslimischen Minderheiten-Gruppen befinden sich derzeit in einer turbulenten Phase des Umbruchs. Eine neue, junge, dynamische und kompetente Führungsgeneration tritt dabei zunehmend in den Vordergrund. Diese Persönlichkeiten werden die künftige Entwicklung prägen. Sie suchen gegenwärtig nach Lösungen für ihre Probleme. Die muslimische Welt sollte Verbindung mit ihnen aufnehmen, um mit ihrer Unterstützung den in diesen Gesellschaften ablaufenden Gärungsprozeß und die Motive, die diese junge Muslimgeneration weltweit bewegen, verstehen zu lernen.

Die Probleme muslimischer Minderheiten ließen sich immer noch lösen, wenn eine vernünftige Mischung von Altem und Neuem gefunden würde, wenn man sich aufrichtig bemühte, von Fakten statt von Wunschbildern auszugehen, und wenn die islamischen Grundwerte der Geduld, Toleranz und Menschlichkeit die Richtung wiesen.

Wer immer, in der gesamten Umma, an der Erkundung und Lösung von Minoritätenproblemen arbeitet, muß sich unbedingt der Tatsache bewußt sein, daß das Leben in der Minderheit auf Zweiseitigkeit beruht. Respekt muß erst erwiesen werden, bevor man ihn erwarten darf; Glaubwürdigkeit und Achtung müssen verdient werden. Eine Diskussion über Minoritätenprobleme kann unmöglich zustande kommen, wenn nur eine Seite teilnimmt. Selbst ad-da ʿwa lebt vom Dialog. Und dieser Dialog braucht vor allem in Zeiten wie den heutigen, wo religiöse und politische Polarisierung tödliche Ausmaße angenommen haben, nichts nötiger als moralischen Mut höchster islamischer Güte.

Das Institute of Muslim Minority Affairs hofft dringend, daß die diesjährige Zusammenkunft der Muslime — im Zeichen völliger Hingabe an den Willen Gottes, subhanahu wa ta ʿalâ — Gelegenheit geben wird, die akuten Probleme, die mehr als ein Drittel der Umma betreffen, unvoreingenommen zu prüfen, und daß aus ehrlichem Bemühen ebenso wahrhaft islamische wie von praktischer Klugheit geleitete Lösungen hervorgehen.

3. Moslembruderschaft: Erneuerung geht von Deutschland aus

In einer Programmschrift über die »Rolle Europas für die Zukunft islamischer Aktivitäten«, die im Juli 1983 von der internationalen Moslembruderschaft veröffentlicht wurde, heißt es, daß die Erneuerung des Islam von Westeuropa aus ihren Weg in die islamische Welt nehmen werde. Begründet wird dieser Optimismus mit der Feststellung, daß die hier lebenden Anhänger des Islam in hohem Maße an den in den europäischen Verfassungen verankerten Grund- und Freiheitsrechten partizipieren und folglich die »Verkündigung des Islam vertrauensvoll vorantreiben« könnten. Die Moslems seien vor diesem Hintergrund allerdings verpflichtet, an der ideologischen Auseinandersetzung in Europa teilzunehmen und den Dialog mit andersdenkenden und -gläubigen Menschen zu suchen, insbesondere mit den Politikern unter ihnen und deren Parteien. Dabei müsse sich die islamische Position durch »aufrichtige Anteilnahme und Liebe zu den europäischen Menschen« auszeichnen. Die Moslems hätten den Auftrag, »die geistigen Bedürfnisse der Europäer mit Hilfe des Islam zu befriedigen«. Langfristig müsse allerdings dafür gesorgt werden, daß der Islam in Europa ausgebreitet werde mit dem Ziel, islamisch-europäische Gesellschaften zu bilden und eine islamisch-europäische Partei, die aktiv am politischen Leben in den einzelnen Ländern teilnimmt.

Dieser doch recht optimistischen Zukunftsvision der Moslembruderschaft steht das nüchterne Ergebnis der 13. Jahreskonferenz der Islamischen Missionen in Großbritannien gegenüber, die im August 1983 in Birmingham stattgefunden hat. Dort heißt es, daß der Einfluß des Islam in Europa trotz der Anwesenheit einer großen Minderheit von mehr als 30 Millionen Moslems »äußerst gering« sei. Diese unbefriedigende und wenig erfreuliche Situation zu ändern, sei jedoch für die islamischen Gemeinschaften in der westlichen Welt von entscheidender Bedeutung. Die Zukunft der Moslems in Westeuropa hänge vor allem von der »Qualität des von ihnen gelebten Islam« ab und von »ihrer Rolle als gottesfürchtige und humane Gemeinschaft in der säkularen Gesellschaft«. Gegenüber der allerorts zu beobachtenden Ignoranz und der bedrückenden Welt der Vorurteile, sei vor allem eine ernste Besinnung der Gemeinschaft auf die islamische Verkündigung notwendig, die sich jedoch nicht in Worten erschöpfen dürfe. Zur islamischen Verkündigung gehöre vielmehr auch das Zeugnis des

Glaubens und das lebendige und persönliche Beispiel. Wörtlich: »Wenn wir uns fragen, welchen moralischen Einfluß die islamischen Gemeinschaften auf die europäische Gesellschaft ausüben, dann müssen wir ehrlich feststellen, entweder einen sehr geringen oder überhaupt keinen.«

Das ist die nüchterne Ausgangsposition islamischer Existenz in der westeuropäischen Diaspora.

Gleichwohl geht die Moslembruderschaft weiter davon aus, daß die »künftige Erneuerungskraft des Islam besonders in Deutschland zu suchen« ist. Begründet wird diese Auffassung mit vier Thesen, die hier im Wortlaut wiedergegeben werden sollen. Unter der Überschrift »Die besondere Rolle Deutschlands für die Zukunft des Islam« heißt es:

»● Deutschland liegt im Herzen von Europa und kann daher als dessen Zentrum, d. h. als europäische »umm al-Qura«* betrachtet werden. Über »umm al-Qura« sprach der Erhabene: »Aber dein Herr hätte die Städte nie zugrunde gehen lassen, ohne vorher in deren Hauptstadt einen Gesandten auftreten zu lassen, der ihnen unsere Verse vorliest« (28:59);

● Zwischen Deutschland und der islamischen Welt bestehen keine Feindseligkeiten aber auch keine Verbitterungen, hervorgerufen durch eine Kolonialherrschaft. Die guten Beziehungen zwischen Deutschland und der islamischen Welt gehen bis auf die Freundschaft zurück, die zwischen Karl dem Großen und dem Kalifen Harun al-Raschid bestand;

● Deutschland besitzt ein bedeutendes wissenschaftliches Gewicht und gilt innerhalb der westlichen Welt als Wegbereiter neuer Ideen;

● Deutschland sucht gegenwärtig erneut seine Identität. Zwar hat das Land seine im Zweiten Weltkrieg zerstörten wirtschaftlichen Strukturen wiederaufgebaut, es leidet jedoch immer noch unter dem Gefühl der Niederlage. Der Islam kann Deutschland bei seiner Identitätssuche moralischen Beistand leisten.«

In dem Dokument der Moslembruderschaft wird eine Koordinierung der »islamischen Aufklärungsarbeit« in Deutschland ebenso gefordert wie die Gründung eines »gemeinsamen Oberrates«, dem alle Präsidenten der bestehenden islamischen Vereine angehören sollten. Aufgabe dieses »Oberrates« muß es demzufolge sein:

● Die Grundwerte der islamischen Gesellschaft, insbesondere das

---

* Umm al-Qura ist die arabische Bezeichnung für das materielle und geistige Zentrum vieler Stämme bzw. Völker.

Solidaritätsgefühl hervorzuheben. Dieses Ziel kann durch gutes nachbarschaftliches Zusammenleben mit den Europäern in den Ortschaften oder durch besondere Ferienlager für Frauen, Jugendliche und Männer erreicht werden;

- Abhalten von Konferenzen und Tagungen mit den europäischen Studenten und Frauenvereinen sowie generell mit den europäischen Intellektuellen und Geistlichen;
- Verstärkung der Anstrengungen zur Anerkennung des Islam als religiöse Gemeinschaft in den europäischen Ländern;
- Unterbreitung der Einstellung der Moslems in Europa zu internationalen Ereignissen;
- Koordination zwischen den vorhandenen, in Europa erscheinenden arabischen Zeitungen und Zeitschriften, um somit Verständnis für die islamischen Grundeinstellungen bei den europäischen Lesern zu schaffen;
- Arabisch-Deutsche Schulen zu errichten, die eine islamische Erziehung zum Ziel haben;
- Bruderschaft zwischen Moslems und den konvertierten Europäern zu pflegen, damit sie sich nach ihrer Bekehrung zum Islam nicht allein und verlassen fühlen;
- Institute zum Erlernen der arabischen Sprache zu errichten, insbesondere für die moslemischen Brüder aus islamischen und europäischen Ländern;
- Unternehmen zu gründen, die die islamischen Zentren mit den nötigen finanziellen Mitteln unterstützen und deren Abhängigkeit von Spenden und Gaben verringern;
- Die Pilgerfahrt zu den islamischen heiligen Stätten zu unterstützen;
- Errichtung von Touristenbüros oder die Koordinierung mit den bestehenden Reiseunternehmen, um die moslemischen Besucher in Europa zu betreuen mit dem Ziel, Unterhaltung mit Pädagogik zu verbinden;
- Studienreisen nach den beiden Vorbildern islamischer Gesellschaften Iran und Pakistan zu veranstalten. Über diese Länder sollen Studienprojekte durchgeführt werden, um über ihre Erfahrung in der Gestaltung einer islamischen Ordnung zu informieren;
- Unterstützung der islamischen Arbeit in der arabischen und islamischen Welt.

VIII. Kapitel

Islam — Gefahr oder Partner Europas?

Die Frage, ob der Islam sich gegenwärtig anschickt, die Welt zu erobern, ist nicht eben leicht zu beantworten, zumal dann nicht, wenn man bedenkt, daß wir es in erster Linie mit einer Religion zu tun haben, die sich von ihrem Eintritt in die Geschichte an mit einer »ebenbürtigen Konkurrenz« konfrontiert sah: mit dem Christentum.

Beide Systeme, Christentum und Islam sind, von Abstufungen in ihrer Intention abgesehen, eminent missionarische Religionen. Beide beziehen ihre Dynamik aus einem je eigenen Absolutheits- und Exklusivanspruch und fühlen sich von daher berufen, unterschiedslos allen Menschen, der ganzen Welt also, ihre Wahrheit und ihr Heilsverständnis zu offerieren.

Daß das Christentum — unterstellt, die Nachfolger des Propheten Mohammad hätten die Welteroberung auf ihre Fahnen geschrieben — dem Islam in nichts nachsteht, daran wurden wir im Jahre 1992 überdeutlich erinnert. Fünfhundert Jahre zuvor, im Jahre 1492, ging in Spanien das Zeitalter fruchtbaren Zusammenlebens von Juden, Christen und Muslimen zu Ende, setzte die blutige Verfolgung und Vertreibung der Muslime und Juden ein, begann die Eroberung Amerikas im »Zeichen des Kreuzes«, die in der Auslöschung der Indios und der Indianer endete.

Das Jahr 1492 war das Schlüsseljahr für jenes blutige Zeitalter, das wir mit dem Begriff »Kolonialismus« nur undeutlich zu beschreiben wagen, das heute unter dem anrüchigen Etikett »Dritte Welt« weiterlebt, ein Etikett, das nur schamhaft den Begriff »Neokolonialismus« zu verdecken vermag. Die Tatsache, daß in der westlichen Welt für die gegenwärtige Situation der ehemaligen Kolonien lieber der Terminus »wirtschaftliche Abhängigkeit« verwendet wird, unterstreicht um so deutlicher den Etikettenschwindel.

Die Frage nach den Ursachen der Abhängigkeit, die ja auch handfeste politische Einflußmöglichkeiten implizit enthält, wird kaum diskutiert. Vor diesen Hintergründen über Welteroberungspläne des Islam nachzudenken, ist zumindestens abenteuerlich.

Will man der Frage dennoch nachgehen und dabei ernstgenommen werden, bedarf es zunächst einer nüchternen Diagnose dessen, was Islam heute ausmacht und einer Untersuchung des religiösen Fundus sowie der logistischen Möglichkeiten, auf die dieses System zurückgreifen könnte. Sodann wäre die Frage nach der politischen Relevanz des Islam zu klären, nach seinen wirtschaftlichen und gegebenenfalls militärischen Möglichkeiten in einer Welt, die, zumindest was das Machtpotential angeht, derzeit und für die nächste Zukunft, »christlich« dominiert wird. Eine Ausnahme macht hier lediglich Japan.

Feindbild Islam

Die »Experten«, die in der westlichen Welt von den vermeintlichen Eroberungsplänen des Islam sprechen, müssen die Lehren Mohammads und seine Anhänger, die Muslime, notwendigerweise als »Gefahr« hochstillisieren, als Bedrohung, der man entschlossen entgegentreten müsse. Es gelte das eigene »überlegene« Wertesystem gegen eine mittelalterlich-barbarische Ideologie zu verteidigen, ein Wertesystem, das sich heute allgemein in der Menschenrechtserklärung der Vereinten Nationen erschöpft.

Abgesehen davon, daß es nicht gerade für die von der christlichen Kultur geprägte westliche Welt spricht, daß sie ihre besondere Identität aus Feindbildern bezieht, also aus negativen Phänomenen oder Werten, ist das nachkommunistische Feindbild Islam so neu nicht, wie den Zeitgenossen in den Medien weisgemacht wird.

Seit dem Konzil von Clermont im Jahre 1095, das mit Papst Urban II. Aufruf zum Ersten Kreuzzug gegen die »ungläubigen Mohammedaner« endete, gilt der Islam als »Erbfeind« der Christenheit. Das setzt sich in der Folgezeit durch die Jahrhunderte fort, über Luther bis hin zu den katholischen und evangelischen Fundamentalisten, die es neben den sattsam beschriebenen im Islam, eben auch gibt. Für die christlichen Fundamentalisten ist der Islam sogar »gefährlicher als der Kommunismus« — und man kann einen Anflug von »Sehnsucht nach der alten Sowjetunion« in diesen Bemerkungen kaum überhören.

Wie hinterhältig dieses nicht menschen- sondern profitorientierte Geschäft mit der »Gefahr Islam« auch immer ist, seit dem Erscheinen des Palmyra-Sachbuches »Allahs Plagiator« wissen wir obendrein um seine Verlogenheit, aber auch darum, wie bereitwillig weite Teile der deutschen Bevölkerung sind, eher den »rassistischen Propagandisten«

zu folgen, als den unbequemen Weg des »Hinterfragens« zu gehen, wie es im Neudeutschen so treffend heißt.

Das Feindbild Islam würde sich sehr schnell verflüchtigen, wenn es einmal vor der Geschichte der eigenen christlichen Unchristlichkeit, der europäischen Eroberungszüge, ausgelotet würde, wenn man der Gemeinsamkeiten der beiden Systeme gewahr würde, die Trennendes und Unterschiede zwar nicht zu beseitigen vermögen, sie aber gleichwohl durchsichtiger und damit berechenbar machen.

Den Ängsten im Westen stehen die Ängste der Muslime gegenüber. Die mörderischen und menschenverachtenden Kolonialkriege und die politischen Erpressungen der Gegenwart sind in der »Dritten Welt« ebenso unvergessen wie die Unterstützung, die der Westen den muslimischen Diktaturen zukommen läßt, die tagtäglich in der Behandlung der ihnen ausgelieferten Menschen eklatant gegen so hehre Prinzipien wie die Unantastbarkeit der Menschenwürde, Glaubens- und Gewissensfreiheit, soziale Gerechtigkeit und das Recht auf Selbstbestimmung verstoßen.

Im übrigen gab es in der Geschichte des Abendlandes nur zwei Ausnahmen in der Betrachtung des Islam. Die europäische Aufklärung war maßgeblich begleitet von einer Rehabilitierung des Islam und − wie bereits erwähnt − in Spanien. Tatsachen, die den augenzwinkernden Vorwurf, eine Versöhnung zwischen dem Islam und der westlichen Welt sei eine reine Utopie, verstummen lassen.

Islam − Macht oder Ohnmacht?

Der Islam ist im Gegensatz zum Christentum keine organisierte Religion; er hat im Verlauf seiner Geschichte keine kirchenähnlichen Institutionen entwickelt. Ihm fehlt eine Hierarchie, er kennt keine Sakramente und folglich auch keine Sakramentsverwaltung. Die islamische Gemeinschaft hat vielmehr von Anfang an die Verwaltung ihrer Angelegenheiten den jeweiligen staatlichen Organen überlassen, da sie davon ausgehen zu können glaubte, daß diese den Auftrag des Koran, soziale Gerechtigkeit auf Erden zu schaffen, stets und zu allen Zeiten ernst nehmen würden.

Durch diese Struktur ist der Islam bereits in seiner Frühgeschichte in die Abhängigkeit von staatlicher Macht geraten. Nicht der Glaube, nicht die Religion bestimmen seither das Gesicht des Islam, sondern der jeweilige Staat und seine spezifischen politischen Interessen.

Die »islamische Gemeinschaft« lebt seit dem Ende des historisch fixierbaren »gerechten Kalifats« von Medina (632–661) in einer Art »Babylonischer Gefangenschaft« von Staaten, die sich der Herrschaft über die Muslime bemächtigt haben. Der Islam ist — mit Ausnahme im schiitischen Iran — keine politische Macht.

Die von den sogenannten »islamischen Staaten« ausgeübte Kontrolle und Manipulation reicht bis auf die Kanzeln der Moscheen. Den Geistlichen ist die freie Rede verboten. Die Inhalte ihrer Predigten werden von den jeweiligen Religionsministerien bestimmt. Hinzu kommt, daß den Geistlichen strikt untersagt ist, zu sozialen und gesellschaftlichen Themen Stellung zu nehmen und für das Volk Partei zu ergreifen.

Diese Instrumentalisierung der Religion ist möglich, da es sich bei den islamischen Geistlichen durchweg um Staatsbeamte handelt, die, wie in allen nichtdemokratischen Staaten üblich, ausschließlich der Politik ihres Arbeitgebers verpflichtet sind und seine Interessen auch dann zu vertreten haben, wenn sie gegen das Volk gerichtet sind.

Der »starke Arm« des Staates reicht bis in einen Teil der Moscheen in der Bundesrepublik, soweit diese einem der Religionsministerien der Herkunftsländer der zugewanderten Muslime unterstehen. Das hat zu der grotesken Situation geführt, daß fremde Staaten im Geltungsbereich des Grundgesetzes Kontrolle über einen Teil der Wohnbevölkerung ausüben und damit die von der Verfassung garantieren Freiheitsrechte einengen.

Eine Religion, deren Diener zu sozialen und gesellschaftlichen Problemen nicht Stellung nehmen dürfen, hat sich selbst einer Amputation unterzogen, hat sich selbst den Lebensnerv durchtrennt. Das hat im Verlauf der Geschichte des Islam immer wieder zu Irritationen geführt, hat weitreichende Folgen nach sich gezogen.

Der Islam wird in den Konflikten dieser Welt, auch in der Nahostkrise, auf das Schlimmste mißbraucht. Eine Botschaft, die keine Möglichkeit hat sich frei zu entfalten, wird von denen zum Zerrbild erniedrigt, die sie angeblich vertreten. Wenn wir über die Ohnmacht des Islam nachdenken, dann müssen wir zur Kenntnis nehmen, daß seine Eliten in den Gefängnissen sitzen, daß die, die für die Verwirklichung seiner Freiheitsbotschaft kämpfen, alsbald eingekerkert werden. Und man hat für den um die Menschenrechte so sehr besorgten Westen auch noch schnell eine Beruhigungspille zur Hand. Es waren ja »nur« Fundamentalisten — und die sind ja schließlich auch Feinde des Westens. Kaum jemand fragt danach, ob die Regierungsverlautbarungen der Wahrheit entsprechen.

Wenn jemand für die Freiheit und Selbstbestimmung eines Volkes eintritt, so befindet er sich in Übereinstimmung mit der Menschenrechtscharta der Vereinten Nationen, er ist ein Menschenfreund, aber kein wie auch immer gearteter Fundamentalist. Einem solchen Menschen ist es eben nicht gleichgültig, wenn in weiten Teilen der Welt muslimische Kinder hungern müssen, während die Reichen prassen.

Würde man dem Islam die Freiheit einräumen, ungehindert zu Krieg und Frieden Stellung zu nehmen, dann wären heute genügend islamische Theologen, genügend Laien bereit, jegliche Form von Krieg zu verurteilen und dem Frieden eine Chance zu geben. Gleichwohl haben Muslime zu allen Zeiten innerhalb der islamischen Völkerfamilie Organisationen gegründet, die sich gewissermaßen dann zu Sprechern der Gemeinschaft machten, wenn der Staat religiöse Werte, Ansprüche und Aufträge zu manipulieren versuchte. Diese Organisationen verstanden und verstehen sich vorrangig als moralisch-ethisches Korrektiv islamverbrämter staatlicher Macht.

Zwar hat die staatliche Macht durch die Gründung und Finanzierung von eigenen religiösen Organisationen immer wieder versucht, die lästigen Mahner bedeutungslos zu machen, aber ohne dauerhaften Erfolg.

Das islamische Freiheitsverständnis

Nach koranischem Verständnis ist der Mensch geschaffen worden, um Gott zu dienen. Dieser religiösen Aussage ist ein eminent politisches Ziel implizit. Der Mensch ist in diesem Bild zwar im wahrsten Sinne des Wortes »Knecht« (abd), aber diese »dienende Natur« des Menschen ist im Koran positiv besetzt, denn sie steht jeweils in einem unauflöslichen Zusammenhang mit Gott (Allah). Die theologische Formel, daß der Mensch ein »Knecht Gottes« sei, schließt absolut aus, daß er Knecht eines Mitmenschen — Knecht eines Knechtes — sein kann. Dieser unaufhebbaren Freiheit ist implizit, daß ein Abweichen von der Norm als »shirk« (Unvergebbare Sünde) zu betrachten ist, da die Unterwerfung eines Menschen unter menschliches Gebot streng genommen Beigesellung oder Götzendienst bedeutet. Die gottgewollte menschliche Gesellschaft ist eine Gesellschaft der Gleichen. Es ist eine plurale Gesellschaft, die der Koran vorstellt. Gott hat demzufolge die Menschen in »Stämme und Völker« unterteilt, damit sie einander respektieren und voneinander lernen können. Die Rassenunterschiede sind in diesem Bild »Wunderzeichen Gottes« (Sura 30:21) und ein Hadith des Propheten Mohammad macht deutlich, daß ein Araber einen Nicht-Araber (Fremden) und ein Weißer einen Schwarzen nur durch seine Frömmigkeit (seinen Gerechtigkeitssinn) zu überragen vermag, daß Gott seine Gnade allen Rassen zuteil werden ließ, gleich ob roter oder schwarzer Hautfarbe.

Der Islam lehrt eindeutig die Befreiung des Menschen von der Herrschaft des Menschen. Er sichert die Würde des einzelnen, der sich niemals als Knecht eines anderen Knechtes fühlen kann.

Das Attribut »Knecht« wird durch ein weiteres ergänzt, durch den Begriff »khalifa«. Der Mensch ist dem Koran zufolge nicht nur Knecht Gottes, sondern auch sein Stellvertreter (khalifa) in der Schöpfung. Er eignet sich die Handlungsweise Gottes an und übernimmt damit die Verantwortung für diese Erde, indem er den Schöpfungsprozeß »anstelle Gottes« fortsetzt.

Der Weg ins Paradies führt unzweifelhaft über die Bebauung der Erde. Daraus wird deutlich, daß Arbeit ein Auftrag des Menschen ist, daß sie zu seiner Würde gehört, daß sie ihm von Gott auferlegt worden ist.

Dem ist allerdings implizit, daß Arbeitslosigkeit der Würde des Menschen Abbruch tut und daß das Vorenthalten von Arbeit den so ausgeschlossenen Menschen daran hindert, den Schöpfungsprozeß fortzusetzen. Das aber kommt strenggenommen einem Angriff auf die Würde und Ehre Gottes gleich.

Der Koran verkündet, daß »kein Zwang sein soll in Glaubensdingen« (2:256). Gott hat dem Menschen demnach die Wahl seines Lebensweges völlig frei gestellt. Im Koran sind die Glaubens-, Gewissens- und Meinungsfreiheit eindeutig garantiert. Der Mensch hat in diesem Verständnis die Aufgabe, auf Erden für die Verwirklichung von sozialer Gerechtigkeit als »göttlichen Auftrag und göttliches Ziel« einzutreten. Das versteht der Koran unter »djihad« (nach europäischer Lesart: heiliger Krieg). Soziale Gerechtigkeit ist das Ziel der Geschichte, da nur sie zu ihrer Befriedung führen kann.

Wo soziale Gerechtigkeit abwesend ist, ist auch Islam abwesend. Der wohl bedeutendste frühislamische Rechtsgelehrte Abu Hanifa (697–767) geht davon aus, daß ein Staat, der soziale Gerechtigkeit nicht verwirklicht, auch dann nicht islamisch ist, wenn er sich islamisch nennt. Er hat den Anspruch auf dieses Attribut verwirkt.

Der Koran geht von einer pluralistisch strukturierten menschlichen Gemeinschaft aus, in der Vielfalt und Unterschiede ausdrücklich als von Gott gewollt zu respektieren sind, in der es unterschiedliche Wege gibt, unterschiedliche religiöse Vorstellungen. Diese Vorstellungen stehen in permanenter Konkurrenz zueinander. Sie sind als der Gesamtgemeinschaft auferlegte Prüfungen zu betrachten. Die unterschiedlichen Wege können sich nicht nur auf eine je eigene »göttliche Legitimation« berufen, sie sind vielmehr darüber hinaus verpflichtet, mit ihren je eigenen Wertvorstellungen für das Gedeihen der Gesamtgemeinschaft einzutreten, ohne die Bemühungen der »Mitbewerber« zu diskreditieren. Das Urteil über Erfolg oder Mißerfolg dieser Bemühungen kommt dem Koran zufolge allein Gott zu (Sura 5:45-49).

Das ist das Modell Islam, wobei hinzugefügt werden muß, daß es der politischen Wirklichkeit Islam diametral entgegensteht, spricht es doch den real-existierenden »islamischen« Staatswesen unserer Tage jegliche Legitimation ab, zumal diese sich obendrein erdreisten, die Menschenrechte in weiten Passagen als unvereinbar mit dem Islam abzutun und im Namen des Islam das Volk von seinen natürlichen Rechten auszuschließen.

Der Islam als geistige Macht

Auch wenn die »Experten« und die Medien es gerne anders sehen und darstellen: Der Islam ist keine politische Macht, die Europa und die übrige westliche Welt insgesamt fürchten müßte. Und als Mittel zur Findung und Festigung einer wie auch immer gearteten europäischen Identität ist er völlig ungeeignet, zumal eine aus einem Feindbild bezogene Identität immer im Geruch eines geistigen Armutszeugnisses steht.

Der Islam ist nur für jene eine Gefahr, die ihn gegenwärtig noch unter Einsatz von politischer Macht mißbrauchen. Sie haben die Befreiungsbotschaft zu fürchten, die heute in der weltweiten islamischen Diaspora Gestalt annimmt und sicherlich eines Tages Impulse in den muslimischen Ländern selbst auslösen dürfte.

Die westliche Welt ist allerdings auch von denen, die gegenwärtig den Islam beherrschen, nie ernsthaft bedroht worden. Wirtschaftlich gehören die Länder mit muslimischer Mehrheitsbevölkerung ausnahmslos der »Dritten Welt« an. Das gilt übrigens auch für die Ölförderländer mit ihrer nicht zu unterschätzenden Finanzkraft.

Die westlichen Industrienationen sind bislang stets in der Lage gewesen, die muslimischen Länder wirtschaftlich auszuhungern. Die Ölwaffe ist stumpf geworden. Wobei lediglich die Frage offenbleiben muß, ob sie jemals scharf gewesen ist oder nur scharf geredet wurde.

Hinzu kommt, daß es die westliche Politik glänzend verstanden hat, in den Ölländern Regime am Leben zu halten, deren Legitimität allenfalls aus ihrer strategischen Bedeutung für den Westen abzuleiten ist.

Und militärisch? Der letzte Golfkrieg und der Putsch in Algerien gegen eine demokratisch gewählte Partei haben gezeigt, daß keines der Regime zwischen dem Atlantik und dem Persischen Golf jemals in der Lage sein dürfte, einen Angriffskrieg gegen die westliche Welt zu führen. Es kann nicht genug gesagt werden, daß es die muslimischen Völker sind, die sich bedroht fühlen: einmal von ihren eigenen Machthabern, zum anderen durch die militärische Stärke des Westens.

Die Existenz der Menschheit ist heute nicht vom Islam bedroht, sondern von ganz anderen Mächten, die überall zu Hause sein mögen, nur nicht in der »islamischen« Welt.

Zweifellos ist der Islam jedoch eine geistige Macht. Trotz der Unterprivilegierung der Muslime, trotz zivilisatorischer, wirtschaftlicher und militärischer Unterlegenheit der muslimischen Länder, erlebt der Islam derzeit eine erstaunliche Wiedergeburt, die inzwischen auch auf Europäer eine unerklärliche Faszination auszuüben beginnt.

Das hat im Islam Tradition. So nahmen die Mongolen nach der Eroberung Bagdads im Jahre 1258 die Religion der Unterlegenen an. Ähnlich erging es ab dem 10. Jahrhundert den Türken, die schließlich zur Führungsmacht des Islam aufstiegen.

Zwei Faktoren haben letztlich die gegenwärtige Entwicklung des Islam unterstützt: Zum einen der Umstand, daß heute islamische Minderheiten auch in den Ländern christlicher Kultur leben (allein in Europa 30 Millionen) und zum anderen, daß dieser neue religiöse Aufbruch des Islam auf eine westliche Welt trifft, die sich mehr und mehr von ihren religiösen Werten verabschiedet.

Die geistige Macht Islam ist jedoch nicht zwangsläufig eine Gefahr, die die westliche Welt bedroht. Sie könnte im Gegenteil durchaus zur Neuentdeckung verlorengegangener oder aufgegebener christlicher Wertevorstellungen führen, wenn es gelingen sollte, das »Feindbild« in ein »Freundbild« umzuwandeln, wenn es gelingt, die vom Westen

herbeigeredete Konfrontation in eine dialogische Begegnung umzuwandeln. Die offensichtliche Vertrauenskrise des Christentums, die
die eigentliche Gefahr für das westliche Wertesystem ist, könnte in
der offenen Begegnung mit dem Islam durchaus gestoppt werden.
Begegnung verbindet Menschen, führt auch zur Begegnung mit sich
selbst und erweitert gleichzeitig den je eigenen Horizont. Begegnung
ist friedensstiftend, legt gemeinsame Betroffenheit offen und ermu-
tigt, die Zukunft als gemeinsames Anliegen zu entdecken und anzunehmen.

Weltreligionen

Was jeder vom Islam wissen muß

Herausgegeben vom Luth.
Kirchenamt der VELKD und vom
Kirchenamt der EKD. 3. Auflage.
224 Seiten mit 10 s/w-Fotos und
4 Karten. Kt. Originalausgabe.
[3-579-00786-6] (GTB 786)

Muhammad Salim Abdullah

Islam

Für das Gespräch mit Christen.
Mit einem Vorwort von Adel
Theodor Khoury. 192 Seiten. Kt.
[3-579-00793-9] (GTB 793)

Der Koran

Übersetzung mit Erläuterungen
von Adel Theodor Khoury. Unter
Mitwirkung und mit einer Einlei-
tung von Muhammad Salim
Abdullah. 2. Auflage. 624 Seiten
mit einem Namen- und Begriffs-
register, einem Verzeichnis der
Bibelstellen aus dem Alten und
Neuen Testament sowie einer
Textauswahl aus dem Hadith. Kt.
Originalausgabe.
[3-579-00783-1] (GTB 783)

Gütersloher
Verlagshaus
Gerd Mohn